Christa Prameshuber

DIE LIEBESDESERTEURIN

Das Leben der willensstarken Fürsorgerin Amalia Berger

Impressum

© 2023 by Christa Zihlmann-Prameshuber, Schindellegi, Schweiz

Alle Rechte vorbehalten. Kein Teil des Werkes darf in irgendeiner Form ohne schriftliche Genehmigung des Verlages reproduziert oder unter Verwendung elektronischer Systeme verarbeitet, vervielfältigt oder verbreitet werden.

Layout: Sandra Bauer, TRAUNER Verlag
Umschlaggestaltung und Umbruch: Bettina Victor, TRAUNER Verlag
Umschlagfoto der Autorin: © Céline Nieszawer
Lektorat: Regina Jaschke, TRAUNER Verlag
Korrektorat: Barbara Schöberl
Vertrieb: TRAUNER Verlag + Buchservice GmbH, Köglstraße 14, A-4020 Linz
Herstellung: Gutenberg-Werbering Gesellschaft m.b.H., Anastasius-Grün-Straße 6, A-4020 Linz

ISBN 978-3-99062-977-2

Für Olivia und Thea

Die Liebesdeserteurin

Stammbaum der Familie Prameshuber

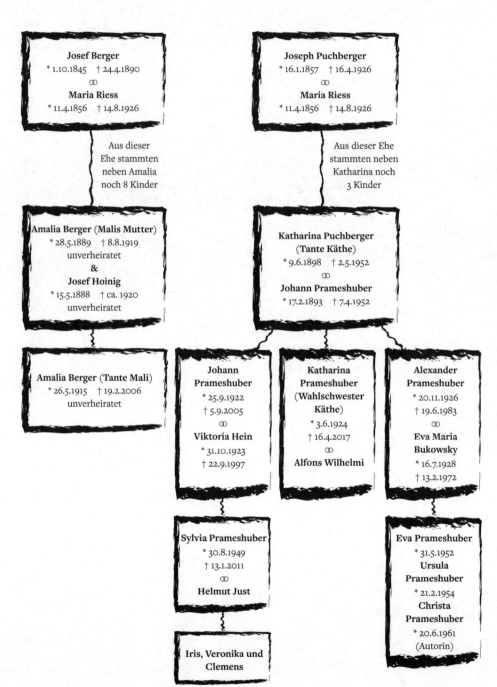

Die Liebesdeserteurin

Amalia Berger

1915: Geburt in Sierning, Oberösterreich

1919–26: nach Selbstmord der Mutter bei der Großmutter

1926–29: bei Tante Käthe, Halbschwester der Mutter, in Linz

1929–32: Hausgehilfin im Kindererholungsheim Kirchschlag

1933–35: Pflegeschülerin an der Landes- u. Fürsorgeschule Riesenhof in Linz (Diplom), Säuglings- und Kleinkinderpflegekurs

1935: Praxis an der OÖ. Landesfrauenklinik Linz

1935: Aushilfe als Säuglingsschwester in Wels

1935–37: Gouvernante in Budapest (Ungarn)

1937–39: Gouvernante in Rom und Livorno (Italien)

Ab Ende 1939: Kriegsjahre, Dienst im Fürsorgeamt der Stadt Linz

1944: Verletzung bei Luftangriff (Gehörschaden), Krankenhausaufenthalt in Wien (Unterstützung der Krankenschwestern bei deren Arbeit während mehrerer Wochen)

1945: Nachkriegsjahre, Arbeit in der Volkspflege in Linz

1948: Fürsorgerin beim Jugendamt in Linz, Hilfe für notleidende Frauen/Kinder, mehrere Dienstverweise

1952: Ermahnung und Disziplinarstrafe

1961: Beförderung

1964: Beförderung nach Fachausbildung für den Dienstzweig „Gehobener Wohlfahrtsdienst"

1971: weitere Beförderung, die zuvor wegen „mangelnder Dienstauffassung" ein Jahr zurückgehalten wurde

1975: Pensionierung

1975–88: aktives Leben, Wanderungen in der Natur, Unterstützung von Freunden und Bekannten, soziale Kontakte, Gehörprobleme erschweren Konversationen mit mehreren Personen gleichzeitig zunehmend

1988: Unfall, Rekonvaleszenz, körperliche Unbeweglichkeit, Lektüre und Korrespondenz, Vereinsamung

1997: Eintritt ins Altersheim, zunehmend sozialer Rückzug

2005: Weitergabe der schriftlichen Lebenserinnerungen an die Nichten, Schlaganfall

2006: Tod in Linz

VORWORT

Mit der Lebensgeschichte von Tante Mali endet die Trilogie über meine Linzer Großtanten. Unsterblich wollte ich sie machen, meine drei unangepassten Tanten, die mich erzogen, geliebt und auf das Leben vorbereitet haben. Tante Mia, Tante Toni und Tante Mali verdanke ich einen Hauch von Exzentrik, meine Liebe zur Musik, meine Bodenständigkeit, große Lebensfreude und meine Art, ungeniert Fragen zu stellen.

Sie waren Mentorinnen, Vorreiterinnen, Wegbereiterinnen, Idole und Heldinnen für mich. Meine drei kinderlosen Großtanten, die zu Beginn des 20. Jahrhunderts geboren wurden, erlebten Weltkriege, menschliche Tragödien, Wirtschaftskrisen und den Wirtschaftsaufschwung genauso wie eine ganze Generation von unbekannten Frauen, die ebenfalls Großes leisteten, aber in keinen Geschichtsbüchern auftauchen.

Ich widme diese drei Frauenbiografien meinen Schwestern, Nichten und Großnichten. Zahlreiche Facetten haben wir gar nicht gekannt oder aber die Zusammenhänge waren bisher verschwommen geblieben. Je mehr ich forschte, nach Spuren suchte und nachfragte, umso bunter wurde das Mosaik, das viel eindrucksvoller war, als meine Familie und ich je erahnt hätten. Ich erzähle diese Lebensgeschichten darüber hinaus, um den jungen Frauen von heute zu zeigen, dass innere Kämpfe, Zweifel und Einsamkeit immer schon existiert haben. Im Zuge meiner Recherchen habe ich spannende Details über die Rolle der Frauen im 20. Jahrhundert kennengelernt und Verhaltensmuster erkannt, die ihnen schlicht vorgegeben waren. Und ich habe mich dabei auch selbst besser kennengelernt.

Das Erinnern und Suchen, das Wiederentdecken von alten Fotos, Briefen und Tagebüchern verdeutlichten die unglaublich modernen Einstellungen und Lebensformen meiner drei Großtanten. Alle drei waren unverheiratet – ein Makel zur damaligen Zeit. Jede meiner Tanten hatte Verehrer, Liebhaber und Heiratskandidaten, doch erachteten sie ihren selbst gewählten Lebensweg als für zu wichtig, um sich tatsächlich in Abhängigkeit zu stürzen und damit vieles aufgeben zu müssen.

Alle drei haben geliebt und sind geliebt worden. Sie haben in ihrem Leben keineswegs versagt, sie waren unabhängig, selbstständig und nicht „übrig geblieben".

In dieser Trilogie versuche ich außerdem, die drei Frauen selbst sprechen zu lassen, indem ich die Worte aus ihren Briefen und Gesprächen unverfälscht wiedergebe und durch Fotos zeige, wie sie wirklich waren. Alle drei haben im Alter ihre Erfahrungen niedergeschrieben, was mich dazu veranlasst hat, ihre Geschichten aufzugreifen und zu erzählen. Tante Mia, Tante Toni und Tante Mali waren nicht blutsverwandt und wiesen sehr unterschiedliche Charaktere auf, dennoch verband sie einiges. Sie waren gut ausgebildet, lebten in der gleichen Stadt, waren – wie erwähnt – ledig (bis auf eine kurze Episode in Tante Tonis späterem Leben), kinderlos und bis zur Pensionierung berufstätig. Allerdings konnte sich keine von ihnen den eigentlichen Berufswunsch erfüllen. Den meisten Frauen dieser Zeit blieb eine Ausbildung zur Dirigentin, Juristin oder Ärztin verwehrt; meist fehlten ganz einfach die finanziellen Mittel für ein Universitätsstudium.

Die Kapitel in „Die Meisterin" sind nach Tante Mias Lieblingsmusikgattungen benannt, in „Das mit der Liebe" beinhalten die Zwischentitel die Sprüche und Lieder, die Tante Toni gern verwendet oder vorgesungen hat. Für die Lebensgeschichte von Tante Mali, die eine höchst eloquente Briefeschreiberin gewesen war, habe ich ungewöhnliche Sätze oder Ausdrücke von ihr für die Kapitelüberschriften gewählt. Somit sprechen die drei Tanten in den Büchern ihre jeweils eigene Sprache.

Alle drei waren starke und selbstständige Frauen, die in ihrem Leben zahlreiche Hürden zu überwinden hatten und dennoch am Ende in Würde alterten.

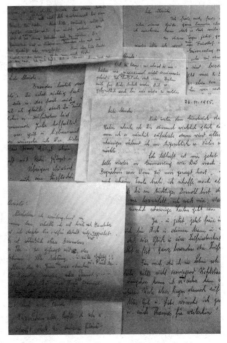

Tante Malis Briefe an mich. Wir haben einander über Jahrzehnte Hunderte von Briefen geschrieben.

Die Liebesdeserteurin

Inhalt

6	Vorwort
9	Inhalt
10	Prolog
11	**„Die große Schande"** Unehelich und Waise
24	**„Einsichtsvoll"** Strenge Ausbildung zur Fürsorgerin
33	**„Ein Glücksfall"** Gouvernante im postmonarchistischen Ungarn
48	**„Mimosen in der Osterzeit"** Gouvernante im faschistischen Vorkriegs-Italien
59	**„Schwarze Gedanken"** Verehrer in der hoffnungslosen Kriegszeit
75	**„Die Liebesdeserteurin"** Einzigartige Freundschaft oder Liebe?
84	**„Kratzbürstig"** Rebellische Nachkriegsjahre
100	**„Der personifizierte Frühling"** Ruhegenuss (Endlich!)
108	**„Die alte Einsiedlerin"** Die Melancholie der Dankbarkeit
116	Epilog

PROLOG

„Heute, da ich bereits so alt bin und möglicherweise objektiver zu sein vermag, würde es mir Freude bereiten, mit der jungen Generation noch einmal über unsere Vergangenheit zu sprechen. Sie wird weitgehend verdrängt oder verfälscht und darf daher niemals in Vergessenheit geraten."

Amalia Berger, in einem Brief von 1995

Kurz vor ihrem Tod drückte mir meine Tante Mali ein abgegriffenes Taschenbuch mit dem Titel „Verrat auf Deutsch. Wie das Dritte Reich Italien ruinierte" von Erich Kuby aus dem Jahr 1982 in die Hand. *„Bitte lies das aufmerksam, es ist mir sehr wichtig!"*, fügte sie hinzu.

Tante Malis Rufzeichen und Hervorhebungen im Buch „Verrat auf Deutsch. Wie das Dritte Reich Italien ruinierte"

Einige Tage später holte ich es hervor und entdeckte auf der ersten Seite die zittrige Handschrift, mit der meine Tante Seitenzahlen notiert und mit Rufzeichen versehen hatte. Diese Passagen mussten ihr am Herzen gelegen haben. Zahlreiche Sätze waren kraftvoll unterstrichen, teilweise mit solcher Vehemenz, dass kleine Löcher entstanden waren. Bevor ich ihr dazu noch Fragen stellen konnte, erlitt sie einen Schlaganfall und konnte nicht mehr sprechen. Die von ihr so heftig gekennzeichneten Stellen beinhalteten Berichte von Vergewaltigungen und Gräueltaten der Mussolini-Schergen in Italien. Tante Mali war von 1937 bis 1939 als Kindermädchen in Rom und Livorno tätig gewesen.

„DIE GROSSE SCHANDE"
Unehelich und Waise

„,Die große Schande' nannte man mich damals, denn ich war ein lediges Kind", so begann Amalia Berger mit einundachtzig Jahren ihre mit zittriger Handschrift verfasste Lebensgeschichte. Vermutlich drängten ihr Alter und ihre angeschlagene Gesundheit sie dazu, ihre Erinnerungen niederzuschreiben, da sie, unverheiratet und kinderlos, keine direkten Nachkommen hatte. Sie notierte auf acht weißen Blättern ihre Lebensstationen und ergänzte auf der letzten Seite einen lückenhaft gezeichneten Stammbaum und Jahreszahlen, teilweise mit Fragezeichen, so als ob sie noch offene Punkte zu klären gewünscht hätte. Vielleicht wollte sie sich zumindest in Papierform auf einer Ahnentafel in eine Familie eingebunden sehen?

Amalia hing an ihrer weitverzweigten Verwandtschaft und pflegte diese Kontakte mit solcher Intensität, dass manche sie als aufdringlich empfanden, nicht ahnend, wie furchtbar einsam sie war. Selbst wenn sie zurückgewiesen wurde, ließ sie nicht locker, blieb freundlich, aber bestand resolut, manchmal fast gebieterisch darauf, dass man innerhalb der Verwandtschaft zusammenhalten müsse.

Noch heute schäme ich mich dafür, wie wir sie als Jugendliche belächelten und für bigott hielten, weil sie nicht verstehen konnte, dass wir sonntags unseren wohlig warmen Betten gegenüber einem Kirchbesuch den Vorzug gaben. Wir bezeichneten sie heimlich als „alte Jungfer", wenn sie uns bei Mädchengesprächen über junge Burschen kopfschüttelnd zuhörte. Sie schwieg mit zusammengekniffenen Lippen und man konnte an ihrem Gesichtsausdruck erkennen, dass sie uns für früh entwickelt und gedankenlos hielt. Wir hatten damals ja keine

Ahnung, wie sehr sie unter dem frühen Tod ihrer Mutter gelitten hatte, nicht wissend, wohin sie gehörte. Meine beiden Schwestern und ich waren uns nicht bewusst, dass sie sich Selbstdisziplin auferlegt hatte, um geliebt zu werden. Wir hatten keine Vorstellung davon, dass unsere Tante Mali ihre Teenagerzeit inmitten einer kriegsverseuchten und traumatisierenden Bombenhagelwelt erlebt hatte. Ebenso wenig davon, dass ihre ersten Verehrer verzweifelte, vom Kriegseinsatz gezeichnete und körperlich wie seelisch schwer verwundete Soldaten waren.

Aus all diesen Gründen möchte ich ihre Geschichte erzählen, um Tante Mali nun, nach ihrem Ableben, meine tiefe Bewunderung auszudrücken und mich für unsere Verständnislosigkeit und jugendliche oberflächliche Ablehnung ihrer moralischen Werte zu entschuldigen. Sie war eine Vorreiterin weiblicher Sinnsuche in einer Zeit, die das bedauerlicherweise noch nicht erlaubte, und ihre innere Zerrissenheit, hervorgerufen durch persönliche Schicksalsschläge und zwei Kriege, machte sie verwundbar. Ihre Existenz war viel zu früh in Scherben zerbrochen und sie versuchte, diese ihr Leben lang durch Beharrlichkeit und Aufopferung für andere wieder zusammenzusetzen.

Mutter Amalia Berger im Jahr 1907 (links)

„Meine Mutter entstammte einer Großfamilie mit insgesamt neun Geschwistern, einer zweiten Verbindung entsprangen weitere vier Kinder, darunter auch meine Mutter, und so vermehrte sich die Geschwisterzahl auf insgesamt dreizehn", berichtete Tante Mali.

„Das Elternhaus war ein kleiner Besitz mit etwas Grund und einer für die damalige Zeit typischen Greißlerei, in der meine Mutter als Verkäuferin arbeitete. Dort konnte man im ‚Büchl' anschreiben lassen und die bezogenen Waren am Freitag oder am Monatsersten bezahlen. Während der Kriegsnot und besonders der Inflationszeit des Ersten Weltkriegs soll sie an-

geblich zu gutmütig und wenig weitsichtig gewesen sein und Nahrungsmittel gegen Schuldscheine ausgegeben haben. Diese waren nach Kriegsende völlig wertlos geworden, und die Familie machte daher sie alleine für den finanziellen Niedergang verantwortlich." Diese Kindheitserlebnisse erzählte sie wiederholt bei Verwandtschaftstreffen oder in ihren Briefen und sie klangen wie eine Art Rechtfertigung, dass es sie, Amalia, überhaupt gab.

1917: Mali als Kind am Schoß ihrer Mutter Amalia, ganz rechts die Großmutter, die sich bis zu ihrem Tod 1926 um Mali kümmerte, dahinter zwei Cousinen

Von ihrer Mutter erhielt Amalia nicht nur denselben Vornamen, sie war ihr auch wie aus dem Gesicht geschnitten. Schwarze, schwer zu bändigende Locken fielen auf markante dunkle Augenbrauen. Als *„eine rassige Zigeunerin"* beschrieb sie die Nachbarschaft. Zusätzlich zu ihrer Arbeit als Verkäuferin im elterlichen Geschäft verdiente sie das dringend benötigte Geld durch nächtliche Schneiderarbeiten. Eine beachtliche Männerschar, so der Dorfklatsch, hatte ein Auge auf das hübsche, schüchterne Mädchen geworfen, das die offensichtlichen Avancen kaum abzuwenden wusste.

„Zu Beginn des Krieges lernte meine Mutter den ungestüm werbenden Josef Hoinig kennen und lieben, aber ich wurde viel zu früh geboren", so Tante Mali über ihren

Ursprung. Ihr Vater verschwand kurz nach der Geburt seiner Tochter im Mai 1915 in den Kriegswirren oder, wie die Großmutter behauptete, *„wegen all seiner Scherereien"*.

Verschiedene Zeitungen hatten im Jahr 1912 nämlich über den *„Weiberer"* berichtet, den *„rabiaten Liebhaber"*, der vor Tante Malis Zeugung zwei Frauen bedroht hatte, die beide von ihm ein Kind erwarteten. Daraufhin sei der in die Enge getriebene Herr Hoinig mit einem von seiner Arbeitsstelle zuvor entwendeten Drillingsgewehr auf die von ihm Geschwängerten losgegangen. Als Büchsenmachergehilfe hatte er bei einem Kriegs- und Jagdwaffenhersteller in Kärnten gearbeitet. Die Ferlacher Büchsenmacherzunft hatte sich über Jahrhunderte hinweg Weltruf erworben und war von Kaiserin Maria Theresias Zeiten bis zu Kaiser Franz Joseph Lieferant für das habsburgische Königshaus. Die Exporte gingen damals nach Böhmen, Ungarn, Jugoslawien und Italien. Der Waffennarr Josef sei, so berichtete sein Arbeitgeber, *„heißblütig und unbeherrscht"* gewesen.

Aus Polizeiberichten geht hervor, dass er bei seiner Einvernahme im Frühling 1912 *„sehr verschlossen"* gewirkt und wenig gesprochen habe, aber wenn er seinen Mund aufmachte, sei er *„keck und frech"* gewesen. Außerdem habe er oft *„nächtliche Ruhestörungen"* verursacht. Der junge Mann sei laut Gerichtsärzten *„geistig vollkommen normal"*, lediglich *„dem Schnapstrinken sehr zugetan"* und *„so manche Aufsehen erregende Szene"* habe sich dadurch ereignet. Seine Eltern hätten

Artikel im Linzer Volksblatt über Malis Vater, den „rabiaten Liebhaber", März 1912

bereits über zehn Jahre getrennt gelebt, sodass ihm *„eine gute Kinderstube"* gefehlt haben musste, stand im Linzer Volksblatt im März 1912. Wegen seiner bewaffneten Drohversuche wurde er damals zu neun Monaten schwerem Kerker mit *„monatlich einem verschärften Fasttag"* verurteilt. Über diese Maßnahme erfährt man im österreichischen Strafgesetz aus dem Jahr 1852 Folgendes unter § 20: *„Der erste und zweite Grad der Kerkerstrafe kann durch Fasten dergestalt verschärft werden, dass der Sträfling an einigen Tagen nur bei Wasser und Brot gehalten werde. Doch soll dieses wöchentlich nicht über drei Mal und nur in unterbrochenen Tagen geschehen."*

Nach Ende seiner unrühmlichen Haft flüchtete Josef Hoinig aus seiner Heimat Kärnten und fand in Sierning, Oberösterreich, wieder eine Stelle als Büchsenmachergehilfe. Dort lernte er in der Greißlerei bald Amalia Berger kennen und hofierte sie maßlos. Anfangs habe sie versucht, ihn abzuwehren, *„so einen wilden Burschen"* wollte sie nicht, denn *„immer, wenn er ins Geschäft kam, gab es Wirbel"*. Lautstark und unverblümt habe er vor allen anderen das schüchterne Mädchen bedrängt.

Tante Mali hegte zeit ihres Lebens eine abgrundtiefe Abneigung gegen Gewehre und wurde nie müde, Bertha von Suttners Werk „Die Waffen nieder" zu loben. *„Bertha von Suttner war eine Pazifistin der ersten Stunde"*, bekräftigte meine Tante, als ich sie, nachdem wir im Geschichtsunterricht über Krieg und seine Folgen gesprochen hatten, nach ihren historischen Lieblingsgestalten fragte.

Tante Mali sprach kaum über ihren Erzeuger, sondern bemerkte lediglich, dass ihre Eltern früh verstorben seien. *„Die Gehässigkeiten und Vorwürfe der Geschwister und Nachbarn nach meiner Geburt haben meine Mutter dermaßen belastet, sodass sie schließlich ihrem Leben ein Ende machte und mich bei der Großmutter alleine zurückließ."*

Unter dem gesellschaftlichen Druck des Dorfes und aufgrund der „Schande" ihres *„von einem schamlosen Hallodri"* unehelich geborenen Töchterchens stürzte sich die Mutter an einem Freitagabend Anfang August 1919 in den Steyr-Fluss. Mali war vier Jahre alt. *„Das 25 Jahre alte Mädchen dürfte in einem Anfall von Trübsinn Selbstmord verübt haben"*, berichtete 1919 das Linzer Volksblatt über Amalias Suizid. *„Die Unglückliche, die bei ihren Eltern wohnhaft war, stürzte sich in den Steyr-Fluss"*, so die Linzer Tagespost lapidar.

Die Liebesdeserteurin

> — **Ertrunken aufgefunden.** Aus Steyr, 9. d. M., wird uns telephoniert: Gestern nachmittags wurde im Steyrflusse unterhalb von Grünberg, Gemeinde Sierning, die 24 Jahre alte, ledige Krämerstochter Amalie Berger ertrunken aufgefunden. Die Leiche wurde in die Totenkammer nach Sierning überführt. Das Mädchen dürfte in einem Anfalle von Trübsinn Selbstmord verübt haben.

Der Zeitungsartikel im Linzer Volksblatt 1919, der über den Suizid von Malis Mutter berichtet

Nur zwei kurze Zeitungszeilen verweisen auf ein typisches Frauenschicksal der damaligen Zeit und lassen nichts vom grausamen Drama und der biedermeierlichen Ausweglosigkeit für die junge Frau durchscheinen. Ungewollt schwanger gewordene junge Mädchen und Frauen sahen in ihrer Verzweiflung häufig den Selbstmord als einzigen Ausweg. Sie wurden als *„sittenlose Geschöpfe"*, *„mannssüchtige Wesen"* oder *„gefallene Mädchen"* bezeichnet und grausamst an den Rand der Gesellschaft gedrängt.

Der Erste Weltkrieg tobte, den Vater hatte Mali niemals kennengelernt. Alle hatten sie verlassen, sie war mutterseelenalleine. Diese Frage kehrte stets wieder: *„Wieso war ihre Mutti nicht mehr da?"* Malis vierjähriges Herz zerbrach. Wieso war ihre Mutter in den Fluss gegangen, wenn sie doch nicht schwimmen konnte? Wieso musste sie plötzlich allein im Kämmerlein schlafen und fror unter der dünnen Decke? Wer würde ihr nun Lieder vorsingen und ihr dabei über den Kopf streicheln? Malis Hölle war zweistöckig, bevölkert von der Kriegsnot und dem Selbstmord ihrer Mutter. Sie verstand zwar, dass mit dieser etwas Schlimmes passiert war und dass das irgendwie mit ihrem Vater zu tun hatte, aber keiner konnte oder wollte ihr Näheres erklären. Aus ihren Augen schrie Fassungslosigkeit.

1918: Die dreijährige Mali, kurz vor dem Tod der Mutter

Dies war vermutlich der Beginn einer tief sitzenden Verstörung, die sich um ihr Herz legte und sie zeitlebens ihres Vertrauens in andere beraubte. Das Trauma eines kleinen verwaisten Mädchens, das Amalia später als Frau nie mehr überwinden sollte.

Da sie Angst hatte, wie ihre Mutter zu enden, hielt Mali, die von unzähligen Männern angehimmelte Frau, später stets verunsichert Abstand zum anderen Geschlecht. Ganze acht seriös gemeinte Heiratsanträge lehnte sie schweren Herzens ab. Später erinnerte sie sich: *„Zwischen meinem zwanzigsten und fünfundzwanzigsten Lebensjahr sind mir einige junge Männer begegnet, die in meinem Leben große Bedeutung erlangten. Anständige Menschen. Dass ich dennoch nicht geheiratet habe, ist mein trauriges Schicksal. Ich habe mein Leben immer selbst geregelt."*

Wusste Mali eigentlich, welch illustrer Familie ihr Vater Josef Hoinig entsprungen war? Seine italienischstämmige Mutter Marianna stammte aus dem Friaul, damals zur Habsburger-Monarchie gehörig, bevor die Region 1866 größtenteils italienisch wurde. Marianna war Schneiderin und begleitete ihren „fahrenden" Bruder Josef. Dieser zog als feuriger Drehorgelspieler bis zu seinem Tod 1903 durch die friaulischen Dörfer bis über die Alpen und wanderte in den Sommermonaten in den Donauraum. Sobald die ersten Töne seines Spiels erklangen, öffneten neugierige Ortsbewohner ihre Fenster, um Musik und Gesang besser hören zu können. *„Am Ende der Vorstellung wurden oftmals sorgfältig in Papier eingewickelte Groschen auf den Hof geworfen"*, so schilderte ein Großonkel die Szene in einem Brief. Im kärntnerischen Ferlach lernte Marianne den Büchsenmacher Ignaz Hoinig kennen und gründete mit ihm eine Familie, ihr erster Sohn war Malis Vater. Lassen sich Malis lebenslange Lust zum Tanzen und ihr südländisches Aussehen auf diesen Verwandtschaftszweig zurückführen?

Die vierjährige Waise blieb bei der Großmutter zurück. *„Oma war eine gütige, einfache Frau und hat mit mir zufrieden, aber äußerst bescheiden nach Muttis Tod weitergelebt."* Sie förderte das kluge Mädchen, soweit das in der verheerenden Nachkriegszeit ging, und ermutigte sie, *„anständig zu lernen"*. *„Für Buben war der Besuch der Schule obligatorisch, wir Mädchen aber wurden nur ausnahmsweise aufgenommen, in meiner ersten Klasse waren dreißig Buben und nur vier Mädchen. Ich war eine gute Schülerin und durfte, was in dieser Zeit nicht selbstverständlich war, die sogenannte ‚Bürgerschule' in Sierning besuchen. Den Schulweg von einer Stunde absolvierte ich täglich zu Fuß und freute mich die ganze Zeit auf den Unterricht. Aufsätze schreiben war mein Lieblingsfach, und Kopfrechnen fiel mir federleicht. Handarbeiten und Kochen machten mir Freude."* Die Bürgerschule, auch die *„Hochschule des kleinen Mannes"* genannt, war eine Pflichtschulvariante mit höherem Bildungsangebot und stellte einen mittleren Bildungsweg dar. Ausschließlich für Mädchen gab es die verpflichtenden Fächer Handarbeiten und Haushaltskunde.

Im Sommer 1926, Mali war gerade elf Jahre alt, verstarb ihre Großmutter. *„Nach dem Tod der Großmutter wurde ich dann nach Linz zu Tante Käthe geschickt, wo ich bis zu meinem vierzehnten Lebensjahr geblieben bin"*, hielt sie in ihrer Lebensgeschichte trocken fest, keine Furcht vor den ihr unbekannten Verwandten, keine Angst oder Traurigkeit erwähnt sie dabei. Und doch: Es muss ein einschneidendes Ereignis für sie gewesen sein.

Tante Käthe, meine Großmutter Katharina Prameshuber, war die Halbschwester von Malis Mutter aus der ersten Ehe des Großvaters. Sie hatte bereits zwei kleine Kinder, den vierjährigen Hans und die dreijährige Käthe – wie damals üblich nach der Mutter benannt. Da sich sonst niemand fand, nahm sie die verwaiste Nichte auf, obwohl sie gerade mit meinem Vater im fünften Monat schwanger war.

So erhielt die zuvor isoliert lebende Mali auf einmal Zieheltern und drei Geschwister, die sie nie zuvor gesehen hatte. Schüchtern trat sie in dieses neue Leben ein und es dauerte nicht lange, da ging sie in ihrer Rolle als große Schwester auf. Mit Begeisterung umsorgte sie ihre kleinen Cousins, die nun zu Wahlgeschwistern und Spielgefährten geworden waren. Besonders mit ihren Wahlbrüdern fühlte sie sich eng verbunden, die Wahlschwester Käthe hingegen blieb ihr stets fremd. Tante Mali meinte später: *„Sie wusste gar nicht, welches Glück sie hatte, ein richtiges Zuhause zu haben."*

Tante Mali sprach stets voller Liebe und Dankbarkeit von ihrer Tante, die ihr zum ersten Mal ein echtes Familienleben ermöglichte. Wenn sie von ihrer „Familie" sprach, lagen Melancholie und Dankbarkeit in ihren Augen und in ihrer Stimme. Wie sehr hatte sie sich nach einer richtigen Gemeinschaft gesehnt, nach einem Heim mit Vater und Mutter, mit herumtollenden Geschwistern! Nach dem stillen und schlichten Landleben mit der Großmutter begegnete sie nun voller Staunen und Scheu einer gebildeten Großfamilie in der Landeshauptstadt.

Mali wurde Teil davon, aber eben doch nicht ganz, wie sie meinte: *„Ich zeigte mich stets dankbar für alles, was sie für mich taten, es war ja nicht selbstverständlich."* Und schon gar nicht wollte sie ihren neu entdeckten Verwandten zur Last fallen. Trotz der freundlichen Aufnahme aller konnte sie es nicht fassen, dass man sie, „das ledige Kind", wirklich mochte. Der Selbstmord ihrer Mutter, gepaart mit der Scham, ein uneheliches Kind zu sein, hatten bei der kleinen Mali eine derart tiefe seelische Verletzung hinterlassen, dass sie stets das Gefühl hatte, nicht „gut genug" zu sein. Sie fühlte sich in der neuen Umgebung unsicher und die zwei lebhaften Wahlbrüder, die da auf einmal in ihr Leben traten und sie sofort in alle Spiele miteinbezogen, verängstigten das scheue Mädchen anfänglich.

Die Familie Prameshuber entsprach dem typischen zusammengewürfelten Sittengemälde der 1920er-Jahre und wurde von Tante Mali lebendig geschildert: *„Mein Onkel Johann Prameshuber war ein verantwortungsbewusster Landesbeamter in der Oberösterreichischen Hypothekenbank in Linz, ein kultivierter, leicht untersetzter Mann mit Schnurrbart, den er oft gedankenverloren befeuchtete."* Eine Bibliothek mit zahlreichen in Gold verzierten Buchrücken wies auf den Status des „Bildungsbürgertums" hin, man zeigte sich gerne belesen. Johanns Leidenschaft waren die mit Schillers und Goethes Werken bestückten Bücherregale, neben denen sich der von ihm als *„Dickschädel"* bezeichnete *„mundfaule"* Ludwig Uhland fand, zumindest nannte mein Vater ihn so. Weiters reihten sich Werke von Shakespeare, Balzac und Victor Hugo aneinander. Eine große Verehrung für die russische Literatur merkte man an den Gesamtausgaben von Dostojewskis und Puschkins Werken und freilich fanden auch Tolstois Schriften hier ihren Platz. Meine Tante bezeichnete die Momente, als Johann Prameshuber Goethes Gedichtband aus der Bibliothek zog und daraus Gedichte vor der Familie reklamierte, als *„die Geburtsstunde meiner Liebe zur Literatur"*.

Die Wahlgeschwister 1927: links Käthe, in der Mitte Alexander (mein Vater), rechts Hans

In einem separaten, für Kinderhände unerreichbaren Regal standen außerdem zahlreiche Fachbücher über Mykologie. Die Wissenschaft der Pilzsuche zählte nämlich ebenfalls zu Johann Prameshubers Freizeitbeschäftigungen. Er besaß in dieser Materie ein erstaunliches Wissen. Jedoch wollte er keinesfalls, dass seine Kinder in den Büchern blätterten und daraufhin im Wald ähnliche Gewächse sammelten und verschmausten. Eierschwammerl-Gulasch und gebratene Steinpilze standen als Lieblingsgerichte ganz oben auf dem Speisezettel der ganzen Familie.

Familie Prameshuber 1942, (von links nach rechts sitzend) Mutter Katharina (die von Mali „Tante Käthe" genannt wurde, Tochter Käthe, Johann Prameshuber, (dahinter stehend von links nach rechts) Alexander (mein Vater) und Hans

Das Klavierspiel war eine weitere Passion, die er mit seiner Frau teilte. Sie war ursprünglich, genau wie Tante Malis Mutter, Krämerin und Schneiderin gewesen, kümmerte sich aber nun intensiv um die erweiterte Familie. Nach dem berufsbedingten Umzug von Sierning nach Linz, 1926, bewohnten alle gemeinsam eine schmucke Villa am Fuße des Pöstlingbergs.

Das bürgerliche Wohnzimmer der 1920er-Jahre hatte zwei Aufgaben zu erfüllen: Einerseits diente es als Wohnraum, andererseits als Repräsentationsgelegenheit der Familie. Wertvolle Zierstücke standen neben Dekorationsfiguren und ein besonders wichtiges Möbelstück stellte das Klavier dar. Am Esstisch aus Nussholz unterhielt man sich gerne, die Kunst der Konversation war Johann Prameshuber unendlich wichtig. *„Und immer mussten wir Hochdeutsch sprechen"*, erinnerte sich Tante Mali. Waren Gäste zugegen, mussten die Kinder ihre erworbenen Schulkenntnisse sowie ihre Fähigkeiten im Klavierspiel unter Beweis stellen. Die hochmusikalischen Eltern spielten beide hingebungsvoll auf einem schwarzen Bösendorfer Flügel und haben die Begabung – sowie später auch das Instrument – meinem Vater vererbt. Sonntags spielte die Familie gemeinsam Karten im Wohnzimmer, was einer Belohnung gleichkam. Johann Prameshuber war auch ein passabler Schachspieler und brachte diese Kunst seinen Söhnen bei. Vor allem bei Alexander, seinem Jüngsten, meinem Vater, bemerkte er großes Talent.

Das Haus der Familie Prameshuber in der Linzer Hörschingergutstraße

Im Haushalt lebten neben den bereits aufgezählten Personen auch die tüchtige Hausgehilfin Hedwig Feischl sowie Onkel Quirin. Hedwig stammte aus Böhmen und, wie damals in vielen bürgerlichen Häusern üblich, oblagen ihr alle Arbeiten im Haushalt. Ebenfalls Waise war sie nur wenig älter als Mali und zählte fast als Familienmitglied. Das „Nichtwirklich-Dazugehören" verband die beiden ohne Worte. Wie gerne wären auch sie mit ihren eigenen Eltern zusammen gewesen, hätten Karten gespielt oder sich aus Büchern vorlesen lassen. Wie gerne wären sie der „Stolz" von Vater und Mutter gewesen!

Damals gab es zahlreiche Dienstboten in den Haushalten und selbst weniger wohlhabende Familien leisteten sich zumindest ein *„Mädchen für alles"*. Deren Arbeitstag begann meist um sechs Uhr früh und währte oft bis spät in die Nacht. Als Freizeit erhielten sie in der Regel jeden Sonntag Ausgang.

Ein eigenes Zimmer besaßen die wenigsten, da ging es Hedwig mit ihrer kleinen Dachkammer sehr gut. Ihre Kartoffelknödel ebenso wie der sonntägliche Schweinsbraten mit „Krusperl" sollen legendär gewesen sein. Einige Jahrzehnte später beglückte Tante Mali uns Kinder sowie die ganze Nachbarschaft mit köstlichen Mehlspeisen, deren Zubereitung sie einst von Hedwig gelernt hatte.

Quirin Retsch, ein entfernter Cousin großväterlicherseits, war Spätheimkehrer aus sibirischer Kriegsgefangenschaft und, wie Tante Mali ihn mitfühlend charakterisierte, *„von grausamen Dämonen zerfressen"*. Ich erinnere mich an Onkel Quirin als bereits betagten Mann in den frühen 1960er-Jahren. Er ging nie, er hetzte stets, dabei blickte er verstört geradeaus, und wie ein ewig Getriebener sprach er in abgehackten Sätzen. Er konnte aber auch vollkommen starr und nahezu bewegungslos dasitzen. Tante Mali meinte, seine Zwiespältigkeit stammte daher, dass er als Zwilling geboren worden sei, sein Bruder aber drei Wochen nach der Geburt verstorben wäre. Wenn er von entsetzlichen Wahnvorstellungen geplagt wurde, versteckte ich mich vor lauter Angst unterm Tisch. Er schrie wirre Worte und wiederholte sie anschließend etwas leiser werdend unzählige Male. Sein fahriger Blick, seine gläserne Stimme und seine polierte Glatze mit einer lang gezogenen Kriegsnarbe ängstigten mich und verfolgten mich bis in meine

Kurz nach Malis Ankunft in der Familie Prameshuber 1927: von links nach rechts die Kinder Käthe, Baby Alexander (mein Vater) am Schoß von Hedwig, dem Dienstmädchen, daneben Hans und hinter ihm Mali, ganz links Onkel Quirin

Träume. Meine Mutter versuchte mich in meinem Unbehagen zu beruhigen, indem sie meinte: *„Der arme Onkel Quirin ist sehr, sehr krank."*

Wie etwa 200.000 Soldaten der österreichisch-ungarischen Armee war auch er im Ersten Weltkrieg in russische Kriegsgefangenschaft geraten und in einem Sonderlager in Samarkand interniert worden. Drei Jahre unter barbarischen Bedingungen in einem Erdbarackenlager inmitten eines malariaverseuchten Gebietes müssen seine Seele innerlich zerfressen haben. Als er abgemagert *„wie ein lebendes Skelett"* 1920 zurückkam und erfuhr, dass seine Ehefrau in seiner Abwesenheit an Auszehrung verstorben war, nahmen die Prameshubers den gebrochenen Mann bei sich auf. Somit wohnten in dem schmucken Häuschen am Fuße des Pöstlingbergs mit Onkel Quirin und Tante Mali die Opfer des Krieges und der damaligen Moralvorstellungen unter einem Dach.

„Es ist mir auch in Linz nicht schwergefallen, in der Schule gut zurechtzukommen. Eine gediegene weitere Ausbildung war für mich damals aber leider schon allein aus finanziellen Gründen nicht auszudenken", erzählte mir meine Tante Mali einmal. Sie gestand mir, sie hätte insgeheim von einem Medizinstudium geträumt und wäre gerne Kinderärztin geworden. Als ihr Wahlbruder Hans 1940 Medizin inskribierte, freute sie sich ehrlich mit ihm, denn Neid war ihr fremd. Nichts wünschte sie sich daher mehr, als so rasch wie möglich eine solide Ausbildung abzuschließen, um Eigenständigkeit auf allen Ebenen zu erlangen – und damit, so hoffte sie, ihre Freiheit. Sie war davon überzeugt, nur etwas wert zu sein, wenn sie alles „gut machte" und stellte übermäßig hohe Anforderungen an sich selbst. Dieser Entschluss gab ihr Kraft und Zuversicht und langsam wich die tiefe Scheu von ihr.

„EINSICHTSVOLL"
Strenge Ausbildung zur Fürsorgerin

„Nach Schulabschluss wurde dann die Frage, was aus mir werden sollte, spruchreif. In dieser von hoher Arbeitslosigkeit geprägten Notzeit fand sich im Kinderheim in Kirchschlag die Möglichkeit eines Praktikums als Volontärin. Das schien die ideale Lösung für mich." Und so begann 1929 Malis Einstieg in die Berufswelt: Knapp vierzehnjährig wurde sie Hausgehilfin im Kindererholungsheim Kirchschlag. Dass sie ihr Leben Säuglingen, verwaisten oder unehelichen Kindern widmen würde, passte zu ihrer eigenen Geschichte. Sie besaß den ausgeprägten Willen, denen beizustehen, die, so wie sie einst, an den Rand der Gesellschaft gedrängt wurden, die vergessen, verstoßen, verurteilt oder verheimlicht worden waren.

Oberösterreich war damals Agrarland mit überwiegend bäuerlicher Bevölkerung. Die Folgen des Ersten Weltkrieges waren noch deutlich zu spüren. Man muss sich die schlimme Situation von anno dazumal vorstellen: Tuberkulose war allgegenwärtig, es herrschte Arbeitslosigkeit, viele Väter, Brüder und Söhne waren nicht mehr aus dem Ersten Weltkrieg heimgekehrt und so blieben zahlreiche Familien ohne Unterstützung zurück. Es gab fast 40.000 Mündel, was einem Anteil von fünf Prozent der Landesbevölkerung entsprach – eine unvorstellbare Schar von Verlassenen und Verzweifelten.

Karitative Privatanstalten und das Land übernahmen teilweise die Verpflegungskosten für Jugendliche, uneheliche Kinder und Waisen. Auch den Fürsorgeeinrichtungen und Mütterberatungsstellen kam eine erhebliche Bedeutung zu, denn dort wurden Pflegemütter vermittelt, Impfungen und ärztliche Untersuchungen vorgenommen, zudem wurden junge Frauen über Säuglingspflege, Stillen und Hygiene aufgeklärt.

Die Säuglingssterblichkeit lag 1919 in Linz bei vierzehn Prozent, mehr als die Hälfte aller Kinder war unterernährt. Mitte der 1920er-Jahre kaufte das Land den sogenannten Riesenhof in Linz-Urfahr und errichtete auf dem weitläufigen Gelände ein Säuglings- und Kinderheim. Dem Heim war eine Schule für Säuglingspflegerinnen und Fürsorgerinnen angeschlossen, die Mali nach ihrem Praktikum besuchen konnte und erfolgreich abschloss.

„In Wirklichkeit war ich da oben eine gut ausnutzbare und sehr billige Arbeitskraft. Tagesbeginn war sechs Uhr früh, Ende der Arbeit um halb acht abends ohne Pause, also mehr als zwölf Stunden täglich", so schrieb sie mir sechzig Jahre später in einem Brief. *„Unglücklich bin ich da oben nicht gewesen, sicher nicht. Aber der Einsatz war für ein zartes, junges Ding zu hart. Im Haus gab es weder elektrisches Licht noch normale Wasserleitungen. Das Badewasser für die Kinder musste mühsam mit einer Handpumpe in einen großen Behälter gepumpt werden. Das war anstrengend und wenig beliebt und wurde gerne auf mich abgeschoben. Die großen Kinderzimmer hatten Holzböden, die wegen der starken Verschmutzung wöchentlich mit Soda-Lösung geschruppt werden mussten, auch das war eine schwere Arbeit, bei der man mich nicht ausgeschlossen hat. Bei dieser Beschäftigung in den eiskalten Winterzimmern habe ich mir meine Hände erfroren. Dieser Schaden ist in meinem ganzen Leben nie wieder gut geworden."*

Ja, trotz Tante Malis Zauber fiel ein körperlicher Makel sofort auf: ihre lädierten Hände mit leicht verformten und bei Kälte sich rötenden Fingerknöcheln. Ihr Leben lang cremte sie diese Abend für Abend mit Nivea-Creme ein und versteckte sie, wenn sie ausging, beschämt unter seidenen Handschuhen.

„Die neu angekommenen Kinder hatten damals oft Läuse, und diese mussten laufend gründlich entfernt werden. Diese Beschäftigung war nicht beliebt und ist auch oft auf mich zurückgefallen. Außerdem war die Reinigung von Lampen und sonstigen Beleuchtungskörpern eine unerfreuliche Beschäftigung. Im Sommer war aber alles weniger schlimm. Im Winter wurde das Personal entlassen und das Haus nicht beheizt. Die Kinder haben sich durchwegs gut erholt da oben und sind nicht krank geworden. Auch in unseren Schlafräumen wurde nie geheizt. Im Winter war es oft bitterkalt, dass das Wäschewasser in den Krügen eingefroren ist. Das hat uns nicht belastet, weil wir es ununterbrochen eilig und keine Zeit zum Frieren hatten, wir waren an die Kälte sehr gewöhnt." Ihre Ausführungen über diese Ausbildungsphase schildert Tante Mali ausführlich in ihrer Lebenserinnerung – die zwei Jahre in Kirchschlag nehmen fast ein Drittel ihres gesamten Berichtes ein.

Mali („Schwester Ernie") mit Baby am Riesenhof 1933 oder 1934

„Betreut wurden die Kinder von Jungschwestern an der Landespflege- und Fürsorgeschule Riesenhof Linz. Diese liebenswerten jungen Menschen haben meinen weiteren Ausbildungswunsch gefördert. Das zu erreichen war allerdings vorerst für mich keine Möglichkeit, weil am Riesenhof damals vorwiegend Töchter des gehobenen Mittelstands mit Matura aufgenommen und ausgebildet wurden, ich aber außerdem mittellos gewesen bin und mir das festgesetzte Schulgeld keinesfalls hätte leisten können. Mit meinem guten Zeugnis von Kirchschlag und durch die Tatsache, dass ich Vollwaise war, fand sich am Ende aber auch hier ein Weg."
Malis Fleiß und Ausdauer waren im Riesenhof positiv aufgefallen, sodass sie ausnahmsweise ihren Schulabschluss durch zusätzliche Arbeitsstunden finanzieren konnte.

Am Riesenhof ging es vorwiegend um die Ausbildung zur Säuglingspflegerin und Fürsorgerin. Heute heißt die Institution „Sozialakademie am Riesenhof". In dieser Zeit erhielt Mali einen neuen Namen und wurde als „Schwester Ernie" bekannt. Die ausgebildeten Pflegerinnen wurden nämlich mit „Schwester" und dem Vornamen angesprochen und wenn dieser bereits vergeben war, wählte man einfach einen anderen. „Ernie" passte ausgezeichnet, denn er entstammt einem altdeutschen Namen, der „Sorge" bedeutet.

Wie hart der Einstieg in ihre Ausbildungsjahre war, ist einem Briefwechsel zwischen Mali und einer etwas älteren Kinderschwester in Kirchschlag, der „Schraml Resi" zu entnehmen, der sich Mali anvertraut und über die winterharten Bedingungen berichtet hatte. Im September 1933 antwortete Resi:

„Liebe Mali!
Erhielt Dein liebes Schreiben mit großer Begeisterung. Recht herzlichen Dank. Nun siehst Du, Mali, der Mensch muß nicht gleich verzagen es ist halt manchmal hart auf dem Lebensweg, aber ist er durchgekämpft dieser Leidensweg, dann steht man

Einsichtsvoll

Pflegeschülerin Mali am Riesenhof 1933 oder 1934

Pflegeschülerinnen bei der Säuglings- und Kinderschwesternausbildung 1935

unwillkürlich auf fester gerader Bahn. Hoffentlich hast Du das richtige gefunden. Ich freue mich, daß Du doch so einsichtsvoll bist. Du wirst so viel leichter durchs Leben gehen."

Mali, damals „Schwester Ernie", legte in Kirchschlag den Grundstein für ihren zukünftigen Berufsweg, über den sie am Ende ihres Lebens resümiert: *„Ich habe meinen Beruf mein Leben lang geliebt. Es war für mich ein natürlicher Schritt, meine eigene Lebensgeschichte machte mich den anderen gegenüber verständnisvoll und glaubwürdig."* Eine Cousine charakterisierte sie schmunzelnd folgendermaßen: *„Sie war fürsorglich, Rat gebend, herzensgut, doch hin und wieder von kategorischem Jähzorn begleitet. Ungerechtigkeiten konnte sie nicht akzeptieren."*

Mali entdeckte damals, wie sie am besten dem Druck und den beschwerlichen Bedingungen während ihrer Ausbildungszeit zumindest zeitweise ausweichen konnte: Sie ging in den nahe gelegenen Wäldern wandern und verspürte beim Dahinstapfen Entspannung. *„Meine ersten Runden begann ich von Kirchschlag aus und entdeckte die Schönheit des Mühlviertels. Das Gehen wirkte heilsam, ich konnte tief durchatmen, mein Herzklopfen passte sich dem Spazierrhythmus an und ich spürte eine tiefe Demut."* Ihre sportliche Betätigung sollte bis an ihr Lebensende einen gesunden Ausgleich bieten: *„Im Laufe der Jahre sind mir die Linzer Hausberge so vertraut geworden, wie anderen der Garten vor dem Haus, den ich nie hatte."*

Mali auf Bootsfahrt im Salzkammergut *Mali in der Sommerfrische*

Auf den Bildern dieser Zeit sieht man die junge Mali, die Babys voller Zärtlichkeit im Arm hält und liebkost. Sie gibt ihnen im wahrsten Sinne des Wortes den Halt, den sie selbst so nötig gebraucht hätte.

Das Jahr 1933 stellte einen Höhepunkt der Arbeitslosigkeit in Österreich dar und die Auswirkungen der Weltwirtschaftskrise erschütterten das ganze Land. Dennoch *„traf mich das große Glück"*, erzählte Tante Mali später freudig, da sie gleich nach ihrer Ausbildung eine Anstellung fand. Sie absolvierte ein mehrmonatiges Praktikum in der oberösterreichischen Landes-Frauenklinik und im Anschluss daran konnte sie zwei Monate lang als Aushilfs-Säuglingsschwester bei Erna Kaltenberger, einer Kaufmannsgattin in Wels, erste Erfahrungen sammeln: *„Sie war unerhört streng und pingelig, da hab' ich viel gelernt."*

Die Familie Kaltenberger besaß in der Welser Ringstraße ein bereits damals legendäres, noch heute existierendes Schuhgeschäft. Mali veranschaulichte ihre Eindrücke später so: *„Das Baby schlief viel und in dieser Zeit hatte ich zusätzliche Aufgaben. Spätestens samstags am Nachmittag musste das Schuhe putzen aller erledigt werden, denn das Gehwerk sollte am nächsten Tag blitzblank sauber sein. Entweder zogen wir die guten Paare zum Kirchgang an oder zum Sonntagsspaziergang. Da ging es natürlich gar nicht, dass die Schuhe fleckig waren, wenn man ansonsten seinen Sonntagsstaat trug. Zudem mussten die Alltagsschuhe ordentlich am Samstag geputzt werden, denn am Montag fing eine neue Woche an."*

Es folgte ein weiteres Praktikum in Enns, und dann war ihre Ausbildung offiziell abgeschlossen. In dieser Zeit verliebte sich das achtzehnjährige Mädchen erstmals. Der um ein Jahr jüngere, forsche Florian Schöfl verfasste am 26. Dezember 1933 einen Brief an meine Tante und bat um ein Stelldichein in einer Gartenanlage vor dem Spital in Enns, in dem sie arbeitete. Sie verhielt sich jedoch äußerst zurückhaltend, da sie ins Ausland gehen und „das große Leben" kennenlernen wollte. Tante Mali hat seinen werbenden Brief aber bis zum Lebensende aufbewahrt.

Florian Schöfl war neben seiner beruflichen Tätigkeit als kaufmännischer Angestellter auch ein begabter Maler und Metallplastiker. Er war der erste einer langen Reihe von Verehrern, die meine Großtante nicht erhören sollte. Warum bewahrte sie diese Briefe über all die Jahrzehnte auf? Fühlte sie sich geehrt, dass ihr der junge Mann so klar sein Interesse mitteilte? Sie war jung, bildhübsch, verfügte über eine gute abgeschlossene Ausbildung und verdiente ihr eigenes Geld, wenn es auch nicht viel war. Dem Gesellschaftsbild der damaligen Zeit folgend wäre nun bald eine Heirat auf dem Lebensweg vorgezeichnet gewesen. Aber genau das wollte sie nicht. Sie hatte ihren eigenen Plan und hielt Verliebtheit einstweilen für vergeudete Zeit.

Dass Mali damals bereits den Wunsch hegte, ihre Heimat zu verlassen, zeugt nicht nur von ungeheurem Mut und Furchtlosigkeit, sondern auch von einer emotionalen Eigenständigkeit und Reife. *„Ich hatte rein gar nichts zu verlieren und gehörte ohnehin nicht dazu"*, bekräftigte sie. *„Dieses Nicht-in-eine-Schublade-passen-Gefühl verspürte ich eigentlich mein Leben lang"*, meinte sie einst in Selbstreflexion.

Am 1. Mai 1935 erhielt sie ihre erste Stelle – als Gouvernante in Budapest. *„Nach dem guten Abschluss der praktischen und theoretischen Ausbildung bin ich dann als Säuglingsschwester zur Betreuung des Babys einer aristokratischen Familie nach Budapest gekommen, während in Österreich viele arbeitslos waren. Weißt du, in mir lebte immer schon eine altösterreichische Seele"*, sinnierte sie später in einem Brief, *„ich mochte diesen Fleckerlteppich aus Volksgruppen, die Sprachenvielfalt, den von Zwiebeln, Knoblauch und scharfen Gewürzen durchmischten Duft aus der Küche, die herausgeputzten Uniformen der Soldaten, die imposante Gründerzeitarchitektur"*. Eine aufregende Zukunft in der ehemaligen Habsburger-Monarchie lag vor ihr.

In den 1930er-Jahren waren österreichische Zeitungen voll von Annoncen wohlhabender ausländischer Familien, die österreichische Haushaltshilfen, Kindermädchen und anderes Personal suchten. In den einstigen Kronländern sollte zumindest die deutsche Sprache an die Nachkommen weitergegeben werden, da deren Beherrschung eine bessere Zukunft versprach. Gut situierte Haushalte, die Kindermädchen anstellten, beschäftigten in der Regel mehrere andere Hausangestellte. Dazu gehörten neben Dienstmädchen eine Köchin sowie Küchenmädchen.

Mali bei der Ausbildung zur Gouvernante

Die unzähligen Stunden, die eine Gouvernante gewöhnlich mit ihren Zöglingen verbrachte, führten häufig zu einer emotionalen Bindung zwischen dieser und den Kindern, was durchaus Spannungen im Umgang mit der Mutter auslösen konnte. „Ich war da sehr vorsichtig, schon am Beginn meiner Ausbildung wurde uns eingetrichtert, keine ‚Konkurrenz' zur biologischen Mutter zu werden", gestand sie mir, „*aber es war nicht wirklich einfach, die Kinder wuchsen mir so rasch ans Herz*".

Die Berufsbezeichnungen Kindermädchen und Gouvernante vermischten sich im Laufe der Zeit, wobei letzterer Begriff heutzutage veraltet klingt. Gouvernanten kümmerten sich um die Erziehung der Kinder im Haushalt ab dem

Alter von vier Jahren. Kindermädchen wurden eingestellt, sobald ein Baby geboren war, und blieben meist länger, bis aus ihnen Gouvernanten wurden.

Das Berufsbild der Gouvernante verkörperte zu Malis Zeit ein weibliches Lebenskonzept, das konträr zum bürgerlichen Frauenideal stand. Einst galten Heirat und Mutterschaft als der einzige vorstellbare Lebensweg. Frauen wurde nicht zugetraut, dass sie ihr eigenes Einkommen verdienen könnten. *„Doch wir Kindermädchen waren der sichtbare Gegenbeweis, wie dürftig auch unser Einkommen war"*, hörte ich meine Tante immer wieder sagen.

In ihren späteren schriftlichen Aufzeichnungen sind hauptsächlich ihre Kinder- und Jugendzeit bis ins allerkleinste Detail beschrieben. Mit zunehmendem Alter findet wohl ein Aussieben mancher Lebenserinnerungen statt, wobei hauptsächlich früheste Erlebnisse übrigbleiben. Die ersten Geräusche, Düfte, Erlebnisse, Begegnungen oder Gefühle scheinen stärker im Gedächtnis zu bleiben als der in späteren Jahren gleichförmige Alltag. Somit erhalten sich gerade die frühen Höhepunkte ein Leben lang im Herzen, sogenannte Erinnerungshügel verwandeln die Zeitspanne zwischen dem zehnten und zwanzigsten Lebensjahr in eine besonders reiche und intensive Phase.

Leider widmet Mali ihren Aufenthalten in Budapest und Rom nur wenige Zeilen in ihrer Lebensgeschichte. Aber glücklicherweise tauchen dort fehlende Rückblicke später in ihrer Korrespondenz auf und zeichnen damit ein lebendiges Bild meiner Tante. Gelegentlich wurde sie auch zwischendurch gesprächig und kam in Fahrt, wenn Musik oder Schlagworte sie ansprachen und dann verriet sie mir längst vergangene Gefühlsgeheimnisse. In solchen Situationen hätte ich sie am liebsten umarmt, wagte es aber nicht, um den Wortschwall nicht zu unterbrechen.

In einem ihrer Antwortbriefe auf meine zahlreichen Fragen zu ihren Auslandsaufenthalten schrieb sie mir: *„Früher standen wir in der Dienstbotenhierarchie ganz unten. Im Laufe der Zeit wurde das Ansehen des Kindermädchens immer höher eingeschätzt, parallel zur Verbreitung der Erkenntnis, wie wichtig die Kindheit für die Entwicklung eines Menschen ist."* Tante Mali hätte ein Lehrbuch verfassen können mit ihrem eindrucksvollen Erfahrungsschatz aus verschiedenen Ländern und deren so unterschiedlichen Erziehungs- und Verhaltensmustern.

Sicherlich verbarg sie Geheimnisse oder Unerzählbares, für das sie keine Worte fand. Erstaunlicherweise bewahrte sie über 200 Briefe aus den Kriegsjahren auf und einige ihrer Antworten kopierte sie sogar – so lernte ich ihre inneren Kämpfe, ihre Zweifel und ihr Sehnen besser verstehen. Unsere schriftlichen Plauderstunden, die wir beide über 30 Jahre lang führten, als ich schon erwachsen war und ebenfalls im Ausland lebte, umfassen weitere 150 mehrseitige Briefe. Tante Mali war eine Vielschreiberin. Ersetzten die Worte auf dem Papier die fehlenden Gespräche der ewigen Junggesellin?

„Warum bist du eigentlich Kindermädchen geworden?", fragten meine Schwestern Tante Mali, als wir einmal bei ihr zu Hause im Fernsehen gemeinsam „Was bin ich – Das heitere Berufe-Raten" ansahen und erstmals über ihre Berufswahl nachdachten. *„Weil ich einen ausgeprägten Wunsch hatte, kleine Kinder auf das wahre Leben vorzubereiten"*, war die Antwort.

„EIN GLÜCKSFALL"
Gouvernante im postmonarchistischen Ungarn

„Dass mich die Familie Dr. Sarudy sogleich angestellt hatte, war ein ausgesprochener Glücksfall." Malis ausgezeichnete Referenzen waren natürlich hilfreich gewesen – *„ich wurde als fleißig und gewissenhaft bezeichnet"*, steht mit Ausrufezeichen in ihren Lebenserinnerungen.

Mali war gerade einmal zwanzig Jahre alt, als sie ihre erste „richtige" Stelle als Kinderschwester in Ungarns Hauptstadt antrat. Schon die Zugfahrt von Linz über Wien nach Budapest war ein Erlebnis gewesen, von dem sie mir bis ins hohe Alter immer wieder genauestens erzählte. Der angesehene Rechtsanwalt Dr. Stephan von Sarudy war seit 1927 mit Edith Baronin Obenaus verheiratet, die beiden hatten einen Sohn, Nebu. Die Sarudys hatten Mali eine Fahrkarte zweiter Klasse nach Budapest für den Ostende-Express zukommen lassen. Täglich rollte der legendäre Zug abends von Ostende über Brüssel und Frankfurt nach Passau und erreichte gegen Mittag Linz, von wo er weiter nach Wien ratterte. Der Kurswagen überquerte bei Hegyeshalom die österreichische Grenze und fuhr frühabends in Budapest-Nyugati ein.

Ausgestattet mit einem schäbigen Köfferchen, in dem sich nur wenige Utensilien sowie eine selbst gebackene Linzer Torte als Gastgeschenk befanden, reiste meine Tante am 1. Mai 1935 das erste Mal „ins Ausland". Ungarn hatte nach dem Ersten Weltkrieg fast drei Viertel seines Reichsgebiets verloren, dennoch zählte die Stadt an der Donau zu dieser Zeit über eine Million Einwohner. Die imposante Eisenkonstruktion des Bahnhofs überwältigte die junge Mali – niemand Geringerer als das Pariser Architekturbüro von Gustave Eiffel hatte das Gebäude 60 Jahre zuvor errichtet.

Der livrierte Chauffeur der Sarudys holte sie in einem Gräf & Stift-Automobil ab, auf dessen Kühler ein Löwe thronte. Staunend blickte die junge Frau auf das mondäne Gefährt. Es war das erste Mal, dass sie in einem Automobil fuhr und es erfüllte sie mit Stolz, dass dieses sogar eine österreichische Limousine war, wie ihr der aus Wien stammende Fahrer begeistert erklärte. *„Wie eine Dame"* sei sie sich vorgekommen, als sie durch die gut besuchten Straßen kutschiert wurde, offenbarte sie mir stolz. Sie konnte sich an der Jugendstilarchitektur, den mächtigen Boulevards und der allgegenwärtigen Geschäftigkeit nicht sattsehen. Zumindest die Donau erinnerte sie in der fremden Umgebung an die Heimat, aber selbst diese erschien ihr hier spektakulärer als in Linz, war sie doch tatsächlich dreimal so breit.

Als sie mit dem Auto die elegante Elisabethbrücke überquerten, bekam sie vor lauter Aufregung ein *„Schnackerl"* (einen Schluckauf) und konnte sich kaum beruhigen, so bewegte sie der erste Eindruck der Metropole. Im eleganten Haus des Dr. Sarudy angekommen, wurde sie vom Dienstpersonal begrüßt und in ihr kleines Dachzimmer geführt. In diesem Moment habe sie ihr *„Herz hupfen gespürt"*, so beschrieb sie später ihre Ankunft. Sie stellte ihre Habseligkeiten ab und überreichte ihrer *„Herrin"* mit einem Knicks die Linzer Torte. Erst am nächsten Tag wurde ihr Nebu, der drei Monate alte Sohn des Hauses, vorgeführt, den sie sofort gefühlvoll an ihr Herz drückte. *„Ich hatte Tränen in den Augen, als ich den entzückenden Buben sah."* Das Hausmädchen führte die junge Österreicherin in die Grundregeln des Hauses ein, erklärte ihr, was sie zu tun habe, und übergab ihr eine blitzweiße, *„vor Stärke fast versteinerte"* Schwesterntracht. Ein weißes Häubchen verbarg ihre lockige Haarpracht. Mali hatte ihre neue Bestimmung gefunden.

Malis große Begeisterung für dieses erste selbst geschaffene Lebenskapitel kann man heute noch nachvollziehen, betrachtet man die Bilder aus der Zeit: Darauf strahlt und lächelt sie und die Traurigkeit, die sie am Riesenhof gefühlt hatte, lag weit zurück.

Rasch erlernte sie in täglichen Gesprächen mit der freundlichen Köchin und einer Dienstmagd erste Brocken der ungarischen Sprache, die sie bald fließend beherrschen sollte. Innerhalb der Familie Sarudy gehörte es allerdings zum guten Ton, deutsch zu sprechen. *„Das ‚Küss die Hand' war mir so fremd"*, meinte sie Jahre später über ihre ersten Eindrücke. *„Niemals konnte ich mich daran gewöhnen."* Genauso wenig wie an die Dienstbotenklingelanlage, die in der Küche hing und dem Personal anzeigte, wohin es zu kommen hatte.

„Ich war fasziniert vom Glanz der Stadt, dem majestätischen Hotel Gellért und dem dazugehörigen Thermalbad, solche Pracht hatte ich noch nie zuvor gesehen." Mit großen Augen bestaunte sie die spektakuläre Kettenbrücke, die Margareteninsel und die U-Bahn, die die erste auf dem Kontinent gewesen war. Am meisten liebte sie das Opernhaus, allerdings bestaunte sie es nur von außen. Wie gern wäre sie in der Schlange gestanden, um einen der begehrten Stehplätze zu ergattern und der Musik zu lauschen, wie sie das aus dem Hause Prameshuber gewohnt war. Tante Mali liebte Mozart, *„weil es ihm immerfort gelang, mich mit seiner Musik fröhlich zu stimmen"*, meinte sie. Bei den Sarudys eröffneten sich ihr dank eines Grammofons, das im Musikzimmer stand und täglich von den Sarudys bedient wurde, die Klänge Béla Bartóks und Zoltán Kodálys. Diese trafen sie mitten ins Herz, teilte sie ihre Schwärmerei mit der Familie in Linz: *„Der Csárdás ist der König der ungarischen Tanzmusik."* Ich sehe noch Jahre später ihr glückliches Lachen vor mir, wenn sie sich bei Festen mit meinem Vater im Kreis drehte und die schnellen Wechselschrittkombinationen nach wie vor perfekt beherrschte.

Jeden Sonntag flanierte die Familie mit dem kleinen Nebu und seinem österreichischen Kindermädchen an der Fischerbastei entlang bis zur Matthiaskirche. Die Spazierenden nickten einander zu, zogen den Hut und plauderten angeregt. Man erzählte sich gegenseitig vom Leben, sprach gelegentlich über die Familie und die Weltpolitik. Tante Mali schob an diesen Tagen das höchst moderne Wochenendwägelchen, unter der Woche schaukelte Nebu im *„Promenadenwagen"*. Dr. Sarudys Gemahlin hegte neben ihrem Faible für teure Kinderausstattung auch besondere Wertschätzung für den Textilmarkt. So zog sie Mali einmal zu den bis oben hin vollgefüllten Körben der ungarischen Bäuerinnen und schnappte sich verschiedene handgewebte Schals. Kokett legte sie diese nacheinander um ihre Schulter und drehte sich um die eigene Achse. Schließlich wählte sie eines der rosa, schwarz und gelb bestickten Tücher mit Fransen und schenkte es ihrem schüchternen Kindermädchen. Die farbenfrohen Erinnerungen an diese glückliche Zeit behielt meine Tante bis an ihr Lebensende. Frau Sarudy nahm ihre junge Gouvernante hin und wieder in die belebten Kaffeehäuser mit, damit das junge Mädchen die mondäne Welt kennenlernte. Die vornehme Dame, die in einer unglücklichen Ehe gefangen war, genoss die stille Bewunderung ihres Kindermädchens.

Nach vier Monaten wurde meine Tante im Einverständnis mit ihrer Arbeitgeberfamilie von der mit Frau Sarudy befreundeten Lilly von Cseh abgeworben und damit begann ihre *„allerbeste"* Zeit in Budapest.

Familie von Cseh zählte zu den stadtbekannten Persönlichkeiten. Major Koloman von Cseh war ein talentierter Springreiter, der Ungarn 1928 bei den Olympischen Spielen in Amsterdam vertreten und dabei beachtliche Erfolge erlangt hatte. Seine Gemahlin, Eleonora Etel Viola Erzsebet Paula Livia, kurz Lilly genannt, teilte diese Leidenschaft und galt ebenfalls als ausgezeichnete Reiterin.

Zeitungsartikel über Reiterin Lilly von Cseh bei einem Wettkampf

Ein Glücksfall

Kindermädchen Mali in Budapest mit dem ihr anvertrauten Kind

Die aparte, liebenswerte junge Dame war nur drei Jahre älter als Tante Mali. Die beiden Frauen sollten ihr ganzes Leben hinweg miteinander korrespondieren. Zwei Jahre lang kümmerte sich Tante Mali um das Söhnchen, das nach seinem Vater Koloman hieß.

Das intensive gesellschaftliche Leben der Familie von Cseh lockte zahlreiche Besucher in das herrschaftliche Haus nahe des Gellértbergs. Mali durfte den begeisterten Gästen dabei stets den kleinen Koloman, den ganzen Stolz seines Vaters, vorführen, bevor er ins Bett gebracht wurde. Männlichen Besuchern fielen neben dem Söhnchen vor allem die Anmut des Kindermädchens und ihr unschuldiger Reiz ins Auge. Besonders ein adretter junger Herr konnte seine Blicke nicht von der jungen Frau abwenden, sein Name lautete Graf András Kasolji.

Der gut aussehende, hochgewachsene ungarische Oberstleutnant war regelmäßig im Hause von Cseh eingeladen. Er arbeitete an der Militärakademie als Lehrer für innere Sicherheitspolitik. „András hatte dichte Locken und sprach neben seiner Muttersprache fließend Deutsch, Italienisch und Französisch. Seine einwandfreien Manieren, seine Galanterie mir, der einfachen Kinderschwester, gegenüber, haben mir vorerst geschmeichelt. Lange habe ich mich gegen ihn gewehrt, wollte nicht, dass es zu weit geht. Er hofierte mich mit Blumen, Geschenken und Ausflugsfahrten in meiner beschränkten Freizeit", schilderte sie mir später. Außerdem verkörperte er jene Lebensfreude und Leichtigkeit, die meiner Tante fehlten. András brachte ihr das Csárdás-Tanzen bei und so „schwebte" sie regelmäßig mit ihm in seine Welt des Lächelns.

Jahrzehnte später, im Jahr 1973, erfuhren wir erstmals mehr über ihn, als Tante Mali meine älteste Schwester Evi mit auf eine Reise in das damals kommunistische Budapest nahm. Auf der Zugfahrt von Linz in ihre einstmals geliebte Stadt brach plötzlich ein Wortschwall aus ihr heraus und sie erzählte von ihrer ersten unglücklichen Liebe. Meine Schwester berichtete mir später, wie Tante Mali während ihres gemeinsamen Aufenthalts in Budapest mit einem vollgekritzelten Zettel in der Hand zu einem schäbigen Wohnhaus geeilt war.

Durch Lilly hatte unsere Tante von seiner alten Adresse erfahren und sich, mit Evi im Schlepptau, zu dem Gebäude begeben, das noch immer von Kriegsschäden schwer gezeichnet war. Zahlreiche Einschusslöcher an den Fassaden der einstigen Prachthäuser zeugten davon. Tante Mali eilte die Stiegen in den fünften Stock hinauf, meine Schwester hinterher. Sie läutete mehrmals stürmisch, da niemand reagierte, klopfte sie schließlich heftig an die Tür. Kein András und auch sonst niemand öffnete. Da schob sie einen Brief unter der Eingangstür durch und verließ, nun langsamer und sichtlich aufgewühlt, die verwahrloste Gegend.

Dann gingen sie ins legendäre Kaffeehaus Hungaria. Mit seinen wie durch Zauberhand gedrehten Säulen erinnerte der damals etwas heruntergekommene Prunkraum immer noch an eine barocke Kirche. Das Geschirrgeklapper und die typische Kaffeehaus-Geräuschkulisse schienen Tante Mali zu beruhigen und so begann sie, meiner Schwester mehr über ihre großen Gefühle zu András zu erzählen. Sie schob den Ärmel ihres Kostüms hoch und zeigte Evi ein Armband, bestehend aus alten ungarischen Silbermünzen. „Das hat András mir hier im Café überreicht. Dazu ließ er einen Geiger an den Tisch kommen und flüsterte ihm seinen Musikwunsch zu. ‚Dein ist mein ganzes Herz' von Franz Lehár erklang plötzlich dicht an meinem Ohr, und András bat mich, seine Frau zu werden." Mali sei zutiefst erschrocken gewesen, damit hätte sie nicht gerechnet. Mit gerade einmal zwanzig Jahren hätte sie sich für zu jung für eine solche Entscheidung gehalten und sich Bedenkzeit erbeten. Sie hätte sich Lilly anvertraut und sie gebeten, ihr zu helfen, eine andere Stelle außerhalb von Ungarn zu finden. Ihre Angst muss tatsächlich größer als die Kraft ihrer Liebe gewesen sein. Mehr als vierzig Jahre nach diesem aufwühlenden Erlebnis rannen Tante Mali Tränen übers Gesicht, als sie davon erzählte. Meine Schwester legte den Arm um sie und versuchte, sie zu trösten.

Das Armband mit den österreichisch-ungarischen Münzen von Andras Kasolji

Dieser erste Antrag hatte Mali irritiert, sie hatte sich überrannt gefühlt, erzählte sie uns. Sie, die ihre Arbeit so geliebt hatte, hätte von einem Ehemann die Zustimmung benötigt, ihren Beruf weiterhin ausüben zu dürfen. Das Gefühl von Abhängigkeit hätte ihr *„den Hals zugeschnürt"*. Erst viele Jahre später, in der Familienrechtsreform von 1975, wurde dieses Gesetz in Österreich beseitigt.

Lillys reges Gesellschaftsleben brachte stets neue Leute ins Haus. Zunehmend wurde auch Ferenc, der Sohn der Familie aus der Nachbarvilla, in die Obhut der jungen Österreicherin gegeben. Eleonora Margit Julia Konkoly-Thege, Elly genannt, war Lillys Seelenfreundin und hatte sofort Malis Talent als Gouvernante erkannt. Während die beiden Damen beim Kaffee den neuesten Tratsch austauschten, kümmerte sich das erfahrene Kindermädchen um alles. Die beiden Buben spielten ruhig miteinander, untermalt vom jauchzenden Lachen der Gouvernante, die für sie Fantasiespiele erfand.

Eleonoras Gemahl, der Reichsabgeordnete Koloman Konkoly-Thege, stammte aus einer adeligen Grundbesitzerfamilie, sein Vater Miklós war ein berühmter Astronom und Leiter des Observatoriums in Budapest gewesen. Koloman bekleidete das Amt des Direktors der Ungarisch-Deutschen Gesellschaft und war eine bedeutende Persönlichkeit im öffentlichen Leben von Ungarns Hauptstadt. Ohne Absicht lauschte Mali den interessanten Gesprächen der beiden fast gleichaltrigen Damen, selbst wenn sie nur über ihre viel älteren Ehemänner plauderten. Elly und Lilly waren so weltgewandt und gebildet, dass Mali von ihrer Klugheit und Eleganz höchst beeindruckt war. Manche Anekdoten zogen Mali dermaßen in ihren Bann, dass sie es später schüchtern, aber von Neugierde überwältigt, wagte, ihre *„gnädige Frau"* nach weiteren Details zu fragen.

So lauschte sie eines Tages, während die Knaben mit kleinen Holzschwertern Kampfszenen nachspielten, gespannt einer aufregenden Tratschgeschichte. Es ging um das legendäre Säbelduell zwischen Eleonoras Mann Koloman und einem stadtbekannten Journalisten, welches 1929 ausgetragen worden war.

Lilly von Cseh war amüsiert angesichts der Wissbegierde ihres Kindermädchens und drückte ihr am nächsten Tag einen abgegriffenen Zeitungsartikel aus dem Neuen Wiener Journal vom 13. August 1929 in die Hand mit dem Titel *„Politisches Duell in Budapest"*. Darin war vermerkt: *„Budapest, 12. August 1929. Zwischen dem Reichsabgeordneten Koloman Konkoly-Thege und dem ehemaligen rassenschützlerischen Abgeordneten Andreas Zeilinszky wurde heute in Budapest* *ein Säbelduell ausgefochten. Die Duellanten verletzten sich gegenseitig. Den Anlaß zum Duell hatte ein gegen den Abgeordneten Konkoly-Thege gerichteter Zeitungsartikel Zeilinszkys gegeben."*

Zeitungsartikel über das Säbelduell zwischen Koloman Konkoly-Thege und Andreas Zeilinszky, Wiener Journal 1929

Andreas Zeilinszky war ein ungarischer Politiker, Journalist und späterer Widerstandskämpfer. Seine heißblütigen Reden und reißerischen Artikel hatten ihm nicht nur Freunde und Anerkennung beschert, die feine Budapester Gesellschaft hatte sich über seine Aristokratie-kritische Berichterstattung echauffiert. Er war Mitbegründer der Nationalradikalen Partei und unterstützte die bürgerliche Opposition. Sein offener Widerstand gegen die Kriegsbeteiligung Ungarns 1940 und das Deutsche Reich wurde ihm schließlich zum Verhängnis – 1944 wurde er von der Gestapo verhaftet und gehängt.

Mali hatte über Duelle gelesen und erinnerte sich an Puschkins Schicksal, an Schnitzlers Novellen und Tolstois Romane, war aber besonders von der Duell-Geschichte Pauline von Metternichs fasziniert, über die sie in Johann Prameshubers umfangreicher Bibliothek eine höchst ungewöhnliche, ja fast unglaubliche Geschichte gelesen hatte. Fürstin Metternich organisierte am österreichischen Kaiserhof regelmäßig große Feste und Bankette. 1892 kam es in Wien zu einer heftigen Auseinandersetzung zwischen ihr und Fürstin Anastasia von Kielmansegg. Pauline war für ihre Schönheit und Klatschlust bekannt und geriet mit ihrer Kollegin im Organisationskomitee wegen eines Blumenarrangements in Streit – das ohrenbetäubende und „nicht sehr feine" Wortgefecht endete mit einer ungewöhnlichen Duellforderung.

Dieses Gefecht, das als *„erstes emanzipiertes Duell"* in die Geschichte einging, hielt man in Vaduz im Fürstentum Liechtenstein ab. Da die opulente Garderobe der Damen ein Duell mit Degen gefährlich gemacht hätte, wurde entschieden, die Oberbekleidung abzulegen, so sei der Kampf „oben ohne", nur in einem Unterhemdchen, ausgefochten worden. Nach leichten Verletzungen auf beiden Seiten konnten die sich duellierenden Damen aber davon überzeugt werden, sich wieder zu versöhnen.

Ein Glücksfall

Von dem Duell wurde in ganz Europa berichtet – nur die österreichische Presse prangerte die Geschichte als Falschmeldung an. In der Folge entstanden zahlreiche Gemälde und später auch erotische Fotografien, die ein Gefecht zweier leicht bekleideter Frauen zeigten. Der österreichische Komponist Josef Bayer schrieb 1907 sogar eine Operette mit dem Titel „*Das Damenduell*". In Europa wurden Duelle übrigens noch bis zum Zweiten Weltkrieg ausgefochten.

Lilly von Cseh entwickelte sich zusehends zu Malis engster Vertrauten. Sie verstand ihr Kindermädchen, das der Ausstrahlung eines gut aussehenden jungen Galans zu erliegen drohte, nur allzu gut, war doch ihr eigener Gatte zwanzig Jahre älter als sie und ihre Ehe eine emotionslose Vernunftverbindung.

Edith Sarudy 1936 im Wiener Salonblatt, fotografiert von Angelo

Lilly war eine attraktive und kluge Frau, zudem charmant und gebildet, und ging im Gegensatz zu ihrem Ehegatten respektvoll mit Menschen um. Daher war sie gern gesehener Gast bei Bällen, Abendessen und Privatveranstaltungen der Budapester Bourgeoisie. Es existieren einige wunderbare Aufnahmen von ihr, da sie äußerst fotogen war. Pal Funk, bekannt unter seinem Künstlernamen Angelo, ein ungarischer Fotograf italienischer Abstammung von höchstem Renommee, lichtete sie mehrmals in seinem stadtbekannten Atelier ab. In den 1920er- und 1930er-Jahren war er der angesehenste ungarische Fotograf. Er hatte zahlreiche internationale Auszeichnungen und Preise erhalten und soll in seinem Leben über 450.000 Fotografien gemacht haben. Darunter befindet sich auch jene von Edith Sarudy, Lilly von Csehs Freundin, die am 4. Oktober 1936 im Wiener Salonblatt abgedruckt wurde.

Angelo und Lilly kamen gelegentlich ins Gespräch und so ist es einem dieser Fotostudiogeplänkel zu verdanken, dass Lilly von der noblen und bekannten Familie di Francavilla in Rom erfuhr, die für ihr Töchterchen ein verlässliches Kindermädchen suchte.

Die Liebesdeserteurin

Das Dienstzeugnis von Lilly von Cseh aus dem Jahr 1937, mit Unterstreichungen von Mali

Die emotionale Sackgasse, in die meine Tante geraten war, entging Lilly nicht. Mali vertraute sich ihr an, sie fühlte sich zu jung für eine Ehe und wollte auf keinen Fall „in andere Umstände" geraten. Ihre Mutter war aus diesem Grund elendiglich zugrunde gegangen, wie sie Lilly unter Tränen verriet. Sie wollte lieber einige Zeit still leiden, anstatt ein ganzes Leben lang. Lilly war bereit, ihrem unglücklichen Kindermädchen zu helfen, ungern jedoch ließ sie die junge Frau, die ihr so ans Herz gewachsen war, ziehen. Aber sie verstand die zwiespältige Situation und stellte Mali ein ausgezeichnetes Zeugnis aus, ein Beweis ihrer Freundschaft und Anerkennung.

Meine Tante blieb bis Mitte Oktober 1937 in Ungarn. Die Hauptstadt wurde zusehends vom erstarkenden Nationalsozialismus verseucht und verfiel einer wachsenden Judenfeindlichkeit. Lilly von Cseh bemerkte die aufkeimende politische Spannung und las täglich mit wachsender Besorgnis die Zeitungen. Mali erfasste eine große Unruhe angesichts der sich zuspitzenden politischen Situation, sprach sie doch regelmäßig mit Lilly und kannte die Meinungen der Oberschicht-Familien – und ihrer Bediensteten.

Diese tiefgehende erste Lebenserfahrung in Ungarn hinterließ in ihr ein anhaltendes wehmütiges Bedürfnis, laufend zu diesem Kapitel ihres Lebens zurückzublättern. Alles Gesehene und Gehörte, alle Gefühle und Erinnerungen gaben ihr in einsamen Momenten Kraft. Wenn sie von „damals" sprach, erhellte sich ihr Gesicht, sprudelten Worte, wippten die Füße. Obwohl sie sich in Budapest so glücklich gefühlt hatte, war sie hier vor der Liebe davongelaufen.

Ein Glücksfall

War ihr Aufenthalt in Ungarn bereits dank der liebenswerten Familien, bei denen sie gearbeitet hatte und von denen sie so herzlich aufgenommen worden war, ein „Glücksfall" gewesen, so hing diese positive Erfahrung sicherlich mit der damaligen historischen Nähe Ungarns zur alten österreichischen Monarchie zusammen.

Ich hätte ihr viel mehr Fragen zu dieser Zeit stellen sollen.

Die Grauen der NS-Zeit verursachten auch Narben innerhalb der Familie von Cseh. Koloman von Cseh, der zu Beginn an Hitlers Regime Gefallen zu finden schien, verließ die Familie, da es mit Lilly, die eine heftige Abneigung gegen den „Führer" empfand, zunehmend zu Streitereien gekommen war. Erst 1944 erkannte er seinen Irrtum und schloss sich dem ungarischen Widerstand an. Über ihn finden sich zahlreiche Zeitungsartikel, die ihn zunächst als Mitläufer und später als Rebellen bezeichnen. Doch die Ehe war aufgrund dieser Wirren zerbrochen. Auf sich selbst gestellt begann Lilly von Cseh nach Ende des Zweiten Weltkrieges in einem Büro als Sekretärin zu arbeiten und schlug sich tapfer allein mit ihren mittlerweile zwei Söhnen durch.

Nach dem Zweiten Weltkrieg, wie auch nach dem Ungarischen Volksaufstand 1956, setzte Mali sich verzweifelt für ihre einstigen Schützlinge und deren Familien ein und versuchte unter schwierigsten Umständen, Essenspakete entweder über die Grenze zu schmuggeln oder selbst zu bringen. Dafür nahm sie mehrere gefährliche Reisen auf sich.

Eleonora Konkoly-Thege wandte sich kurz nach dem Krieg an meine Tante: *„Lilly wurde vor zwei Jahren geschieden. Die beiden Söhne Koloman und Theodor leben beim Vater, kommen aber oft zu uns. Gestern waren sie bei uns. Ich erzählte von Ihnen, aber Koloman erinnert sich schon nicht mehr an Sie. Lilly wird Ihnen bald und ausführlich schreiben."* Nachdem die Familie auseinandergerissen worden war, bat Elly 1949 Mali, ihren alten Vater, der in Passau in einem Flüchtlingsheim untergebracht worden war, zu besuchen und nach ihm zu sehen Es bedurfte mehrerer Versuche meiner Tante per Schiff, per Anhalter und zu Fuß, ihn auch tatsächlich aufzuspüren. Sie brachte ihm Hilfsmittel, zudem kümmerte sie sich um andere Bekannte der in alle Himmelrichtungen verstreuten Menschen. Sie half, wo sie konnte, und beruhigte Eleonora in einem Brief, dass es dem alten Mann den Umständen entsprechend ginge. Dann verlor sie Eleonora und Koloman Konkoly-Thege aus den Augen.

Die beeindruckende, reiche Korrespondenz mit Lilly von Cseh und Elly Konkoly-Thege zeugt von der tiefen Verbundenheit mit ihrer ehemaligen Dienstgeberin und deren Freundin, dennoch sprach Tante Mali die fast gleichaltrige Lilly in allen Briefen und Postkarten stets mit „gnädige Frau" an. 1953 erhielt sie eine Postkarte, welche die von Mali so geliebte Elisabethbrücke zeigte, mit den Worten: „Erinnern Sie sich noch an diese Brücke? Sie existiert nicht mehr und wird nicht neu gebaut." Allerdings behielt sie nicht recht, denn anstelle der 1945 gesprengten Brücke entstand in den 1960er-Jahren eine neue Hängebrücke.

Malis Brief an Lilly von Cseh 1956. Mali fertigte oft eine Abschrift ihrer Briefe an.

Mali blieb Lilly von Cseh bis zu deren Tod 1985 verbunden. Aber auch mit Eleonora Konkoly-Thege riss, wie bereits erwähnt, die Verbindung nach ihrem Weggang nicht ab. Tante Mali hatte ihr Herz an Ungarn verloren, daher beschäftigten sie die späteren unruhigen Zeiten – wollte sie doch die von ihr so geschätzten Menschen in Sicherheit wissen.

„Voll Sorge und inniger Anteilnahme verfolge ich und darüber hinaus – das können Sie versichert sein – unser ganzes Volk – täglich und, soweit es die Verhältnisse erlauben, sogar stündlich, die Geschehnisse in Ihrem Vaterland", schrieb Mali, knapp vierzigjährig, an Lilly im Oktober 1956, als sie beunruhigt die Großdemonstrationen für eine demokratische Veränderung mitverfolgte. Als die Regierung in die schnell angewachsene Menge schießen ließ und Unruhen ausbrachen, befürchtete sie das Schlimmste.

„Liebe Gnädige Frau, Ich habe mich bereits über das Rote Kreuz und auch sonst bemüht, irgendwie Verbindung mit Ihnen oder jemandem aus der Familie zu erhalten, doch bisher vergebens, ich mache mir schreckliche Vorwürfe, daß ich den Kontakt *verloren habe! Da ich nicht weiß, ob Sie diese Zeilen zu erreichen vermögen, bitte ich sehr, mir mit ein paar Worten ein Lebenszeichen zu geben, und verbleibe in alter Verbundenheit mit dem aufrichtigen Wunsche, wenn nötig, ein wenig helfen zu können. Ihre immer dankbare Amalia Berger."*

Kurz darauf bot Mali erneut in einem Paket an Lilly ihre Hilfe an, als Fürsorgerin hatte sie gute Verbindungen in punkto Hilfssendungen: *„Ich weiß ja nicht, ob ich Ihnen mit den beigeschlossenen Sachen ein wenig helfen kann, ob sie diese Zeilen überhaupt erreichen können, wenn aber doch, dann betrachten Sie es bitte als kleinen Ausdruck inniger Anteilnahme sowie alter Freundschaft und Verbundenheit. Sollte ich sonst irgendwie in der Lage sein, Ihnen einen Dienst zu erweisen, stelle ich mich Ihnen jederzeit gerne zur Verfügung."* Es wird offenbar, dass meine Tante in ihren einstigen Arbeitgebern Familienmitglieder sah. Lilly bedankte sich umgehend und fügte ein altes Foto von Koloman bei.

Mit der Niederschlagung des ungarischen Aufstands durch sowjetische Truppen und jene des Warschauer Paktes setzte im November 1956 eine gewaltige Fluchtbewegung ein. Zwischen Oktober 1956 und Juni 1957 flohen fast 200.000 Ungarn nach Österreich, das für die meisten nur ein Transitland war. 30.000 von ihnen aber fanden in Österreich eine neue Heimat. Mitte 1957 wurde die ungarisch-österreichische Grenze von ungarischer Seite offiziell abgeriegelt.

Tante Mali sprach über ihre Zeit in Ungarn und den Aufstand in den 1950er-Jahren stets voller Emotionen. Das Ehepaar Koloman und Eleonora Konkoly-Thege hatte sie für lange Zeit aus den Augen verloren. Tante Mali bat mich mehrmals, doch nach ihnen zu suchen: *„Schau doch auf dem Internet nach!"*, meinte sie mit einer Selbstverständlichkeit, die mich erheiterte. Sie war damals schon fast achtzig Jahre alt und hielt das Internet für ein erweitertes, länderübergreifendes Telefonbuch. Mein Scheitern bei dieser ersten Suchaktion kommentierte sie mit einem ernüchternden *„Ich dachte, da findet man alles"*. Leider weiß ich erst heute mehr über das Schicksal der Familie Konkoly-Thege.

Nach dem Zweiten Weltkrieg wurde ein Altersheim in Holland, geleitet von der Familie de Buck, Flüchtlingen zur Verfügung gestellt. Im September 1950 kam eine Gruppe von Flüchtlingen aus Ungarn an. Sie waren nach einer abenteuerlichen Reise, teils zu Fuß, teils per Zug, schlussendlich in Holland gelandet, wo sich zu dieser Zeit schon eine ungarische Diaspora, hauptsächlich jüdischen Ursprungs, eingefunden hatte.

Das Ehepaar Konkoly-Thege 1971 in Holland

Die Kosten für den Unterhalt der bereits betagten Ungarn wurden von verschiedenen holländischen Institutionen und der Kirche übernommen. Das Ehepaar Konkoly-Thege traf mit Lajos Szentgyörgyi, einem früheren Staatssekretär, Julius und Gyula Späth, dem einstigen Bürgermeister von Györ, und Dr. Osváth Jenö, dem einstigen medizinischen Vorstand der Provinz Pest, im Haus *„Enzerinck"* ein, wo alle bis an ihr Lebensende blieben. Über diese illustre Gruppe gab es verschiedene Artikel in holländischen Tageszeitungen mit Fotos, die den Lebensabend der ihrer Heimat so grausam Entrissenen zeigten.

Schweren Herzens verließ Mali also Ende Oktober 1937 ihre so lieb gewonnene ungarische Wahlheimat und ihr Nahestehende, wie Lilly, Nebu, Elly und Koloman. Gleichzeitig fühlte sie sich erleichtert, András' wachsendem Drängen nach einer Entscheidung für ihn entfliehen zu können. Die politische Situation begann sich in ganz Mitteleuropa zu verschlechtern: Politische Aufmärsche und von Gewalt begleitete Demonstrationen verhießen nichts Gutes, antisemitische Parolen waren gesellschaftsfähig geworden. Trotz ihrer erst zweiundzwanzig Jahre spürte meine Tante, dass sich die Zeiten änderten. Vorsicht war geboten.

Bei der Abreise von Budapest schüttete es in Strömen und genauso nass waren Malis Augen. *„Auf der ganzen Heimfahrt habe ich still geweint"*, erinnerte sie sich später. Erst im Hause Prameshuber, wo die gesamte Familie auf ihre Erlebnisse gespannt war, beruhigte sie sich. Mali blieb ein paar Tage in Linz und bereitete ihren neuerlichen Aufbruch nach Italien vor. Ihre Heimatstadt hatte sich in ihrer zweijährigen Abwesenheit deutlich verändert und sie spürte eine beunruhigende Atmosphäre. Linz war immens gewachsen und Tante Mali überkam eine Gänsehaut beim Anblick der überall präsenten Polizeibeamten.

Ein Glücksfall

Es schien klar, dass die Annexion Österreichs nur noch eine Frage der Zeit war. So war die nächste Anstellung in Rom ein Rettungsanker für sie – nichts wie weg aus dieser angespannten Situation, auf in den Süden! Sie studierte Johann Prameshubers Bücher über die Architektur Roms und vertiefte sich in einen *„Reiseführer in die antike Welt"*. Im kleinformatigen Italienisch-Deutsch-Wörterbuch suchte sie die wichtigsten Begriffe für die ersten Tage und fasste Mut für ihre nächste Reise.

Dennoch ließ sie ihre elf- und fünfzehnjährigen Wahlbrüder ungern zurück, ein eventueller Krieg würde einen Fronteinsatz für die jungen Burschen bedeuten, doch daran wagte sie gar nicht zu denken. Wie in weiser Voraussicht tanzten sie noch einmal zum Abschied im Garten zur durch die Terrassentüre gut hörbaren schwunghaften Klavierbegleitung von Johann Prameshuber.

Mein Vater Alexander tanzt mit seiner Schwester Käthe im Garten des Hauses (ca. 1940). Er brachte seiner Wahlschwester Mali das Tanzen bei.

Meine Tante Mali war jung und vergnügt und hoffte auf eine friedliche Zukunft. Was würde wohl ein neuer Auslandsaufenthalt bringen? *„Ich hatte nichts zu verlieren"*, erklärte sie mir, als ich sie fragte, ob sie nicht Angst vor diesem Schritt gehabt hatte. Sie wollte sich ja nicht nur in ein neues fremdes Land begeben, sondern zudem in eine andere Kultur. Dass sie in so unsicheren Zeiten einen weiteren Auslandsaufenthalt antrat, zeugt von ihrer bewundernswerten Unerschrockenheit.

„MIMOSEN IN DER OSTERZEIT"
Gouvernante im faschistischen Vorkriegs-Italien

Der Aufbruch nach Italien bedeutete für Mali ein Eintauchen in eine gänzlich andere Welt, weg von den Erinnerungen an die Habsburger-Monarchie in ein Italien, das sich dem Faschismus und Nazideutschland zugewandt hatte. Der neue Dienstort lag für sie sprachlich, historisch und menschlich weit von Budapest entfernt. Die Erfahrungen, die sie mit den Menschen dort machte, waren anders, als sie das erwartet hatte. Den für ihre Herzlichkeit und Wärme bekannten Italienern begegnete die junge Österreicherin nur unter dem Personal. Ihre aristokratischen Arbeitgeber hingegen waren unnahbar.

Mali kurz vor ihrer Abreise nach Rom 1937

Mit dem noch aus Budapest im Csárdás-Takt klopfenden Herzen war ihr die Ablenkung vom schwelenden Liebeskummer und von den politischen Sorgen in Rom mehr als willkommen.

Don Riccardo Imperiale di Francavilla und Koloman von Cseh kannten sich dank weitverzweigter familiärer Kontakte. Nachdem Lilly von Cseh erfahren hatte, dass Don Riccardos Gattin eine tüchtige Kinderschwester suchte, hatte sie mit Angelos Hilfe geschickt einen neuen Dienstvertrag für Mali eingefädelt.

Niemals hätte meine Tante sich träumen lassen, nach ihrer Abfahrt im Nebelgrau bei blauem Himmel an ihrem neuen Arbeitsort einzutreffen. Schon bei der Einfahrt in die Ewige Stadt entzückten sie die hohen Pinienbäume, die wie aufgeklappte Schirme wirkten, und die mediterranen Palmen, die wie entfesselte Hände die Straßen säumten. Der Bahnhof Roma Termini zeigte sich im klassizistischen Gebäudestil, der aber kurz darauf einer kühlen faschistischen Architektur weichen sollte. Mali sah noch die alte Struktur, die imponierend, aber nicht so großartig wie Budapest-Nyugati auf sie wirkte. Der halbkreisförmige Platz vor dem Bahnhof, die Piazza dell'Esedra, war von Monumentalbauten umgeben und verzauberte sie sofort, denn in ihrer Mitte befand sich eine sagenhafte Fontäne mit koketten und voluminösen Frauengestalten, den Nymphen, die auf Meerestieren ritten.

Ein Angestellter des Hauses di Francavilla holte das neue Kindermädchen in einem schwarzen Alfa Romeo ab, als *„sehr schnittig"* sollte Tante Mali das Automobil später bezeichnen. Der Weg zu den di Francavillas führte vorbei an eindrucksvollen Palazzi in verschiedensten warmen Farbtönen, an prächtigen Kirchen und an Roms majestätischer Stadtmauer, die mit ihrer ziegelrot bis olivgrünen Farbschattierung eine Lichtatmosphäre schuf, die an Bühnenbilder im Theater erinnerte. Die ganze Stadt wirkte wie ein Museum. An zahlreichen Plätzen ragten römische Säulen aus Ausgrabungsstätten empor, antike Brunnen spuckten Wasser. Das alles ließ Tante Mali an die Bildbände über die römische Antike im Hause Prameshuber denken. Wie oft hatte sie die schwarz-weißen Abbildungen betrachtet und sich gewünscht, all dies einmal in Wirklichkeit bestaunen zu dürfen!

Don Riccardo Imperiale di Francavilla und seine Gemahlin residierten im Herzen der Stadt, in der Via Rossini, in einem mit Außenmosaiken geschmückten, nahezu in Schönbrunngelb gehaltenen Palazzo im mondänen, erst seit 1911 besiedelten Parioli-Viertel. Der Begriff „Parioli", mit dem wohlhabende und modebewusste Menschen bezeichnet werden, hatte sich einst rasch verbreitet und Eingang in den Wortschatz vieler Römer gefunden. Die Gegend gehörte zu den teuersten Wohnvierteln Roms, tatsächlich lebten hier hauptsächlich Offiziere und prominente politische Persönlichkeiten.

Ihre neue Herrschaft stammte von einer altehrwürdigen neapolitanischen Linie ab. Don Riccardo Imperiale di Francavilla hatte eine vielversprechende militärische Laufbahn bei der Marine eingeschlagen. 1934 hatte er die vermögende Nobile Piera Lodolo, eine Baronin aus einem norditalienischen Adelsgeschlecht, geehelicht. *„Diese wunderbaren italienischen Namen schmeckten nach Granatapfel"*, beschrieb es Tante Mali in einem Brief.

Die schwermütige Signora Piera hatte gerade ihre erste Tochter geboren. Die komplizierte Geburt hatte sie geschwächt, daher war kompetente Hilfe dringend nötig. So war Mali voller Vorfreude, endlich wieder ein Baby in den Armen zu halten, nach Rom gereist. Ihre Ankunft im Palazzo war unspektakulär, sie wurde von der Haushälterin empfangen, da die Signora sich als „unpässlich" entschuldigen ließ. Die mitgebrachte Linzer Torte sah sie noch Tage später unausgepackt am Küchentisch liegen – meine Tante war spürbar in einer anderen Welt gelandet als zuvor in Budapest. Sie packte ihre Habseligkeiten aus, wurde allen vorgestellt und erhielt eine Liste mit verschiedensten Instruktionen.

Aber als sie das Baby in der Wiege schlafen sah, wurde ihr warm ums Herz. In Briefen und Erzählungen schwärmte sie ihr Leben lang von der *„reizenden Giovanna"*, sie vergötterte das Mädchen mit den nachtblauen Augen und dem *„herzallerliebsten Lockenköpfchen"*. Der Palazzo der Familie di Francavilla lag am Eingang zur berühmten und schönsten Parkanlage Roms: der Villa Borghese. Aus ihrem kleinen Dachzimmer konnte Tante Mali direkt auf die Baumwipfel der berühmten Grünfläche blicken. Neben der großflächigen Parklandschaft und der herrlichen Kunstsammlung „Galleria" befand sich auch ein zoologischer Garten im Areal. Tante Mali berichtete gerne immer wieder von ihrem ersten Besuch in der „Galleria", wo sie vor Berninis Marmorskulpturen vor Rührung erstarrt sei. Die Figuren hätten so lebensecht gewirkt, so kraftvoll und menschlich. *„Wie Bernini es schaffte, Plutos Fingerabdruck scheinbar auf Proserpinas Marmorkörper zu hinterlassen, das bleibt mir ein Rätsel"*, schilderte sie uns Kindern Jahre später. Das Drama jeder einzelnen Figur schien so ausdrucksstark und habe sie zu Tränen gerührt.

Die Villa Borghese kenne ich seit Kindertagen aus ihren Erzählungen, denn Tante Mali beschrieb mir in buntesten Farben den Zauber des Parks. Täglich schob sie den Kinderwagen durch die Pinien-Alleen. Das Flanieren in der Parkanlage bei den wohligen Temperaturen zählte zu ihren zahlreichen Erinnerungen, die sogar Jahrzehnte später immer wieder auftauchten. *„Ein*

Flaneur hat kein Ziel, keinen bestimmten Ort, zu dem es ihn zieht. Man fühlt sich einsam, doch geht man immer weiter", schrieb sie nieder. Sie schätzte ihr neues Domizil. Von dem „Palazzo" inmitten des gepflegten Gartens mit Oleanderbäumchen, kinderwagenhohen Rosmarinsträuchern, unbekannten grünen mediterranen Pflanzen sprach sie noch Jahrzehnte später. *„Bei dem Geruch an Rosmarin denke ich heute noch an die Familie in Rom"*, gestand sie mir einst. In ihrer knappen Freizeit korrespondierte sie oft mit ihrer ehemaligen Budapester Familie und blieb ihr innig verbunden. Regelmäßig tauschte sie Neuigkeiten mit Lilly oder Eleonora aus, beide antworteten umgehend und ließen Mali regelmäßig wissen, dass sie sie vermissten.

Aus einem Brief von Lilly von Cseh: *„Sie fehlen uns allen. Haben Sie sich schon an Italien gewöhnt? Vielleicht wird es Ihnen dort besser oder grandioser gehen als in unserem einfachen Haushalt, aber Sie können überzeugt sein, so lieb wie bei uns wird man Sie nirgendwo haben. Sie waren doch bei uns ein Familienmitglied. Die neue Schwester hat sich rasch angewöhnt – ist nett, aber Koloman sagt sofort ‚Nicht', wenn er sie anblickt. Sie ist lieb zu ihm, spricht aber leider nur Ungarisch. Ich habe eine leise Hoffnung, dass Sie vielleicht in ein oder zwei Jahren wieder zu uns zurückkommen werden."*

Hatte Tante Mali jemals bereut, Ungarn verlassen zu haben? Ich denke, die neue Erfahrung in Rom sah sie als eine großartige Gelegenheit, eine qualifizierte Gouvernante zu werden und länger bei den Kindern (ein Schwesterchen wurde 1939 geboren) zu bleiben, die sie so lieb gewonnen hatte.

In zahlreichen Briefen sprach sie von der entzückenden *„Principessa"*. Die erste Begeisterung angesichts ihres neuen Lebens in Rom konnte jedoch nur kurzfristig von der politisch explosiven Lage ablenken. Das Rom der 1930er-Jahre war von Mussolini und seiner propagandistischen Verherrlichung der römischen Antike geprägt. Der *„Duce"* inszenierte seine Macht durch kühne architektonische Projekte, deren Spuren in der ganzen Stadt sichtbar waren. So lag das wenige Jahre zuvor fertiggestellte wuchtige Nationaldenkmal für König Vittorio Emanuele *„wie ein Eindringling"* neben der Basilika Santa Maria in Aracoeli. *„Die Italiener bezeichneten die ungewöhnlichen Treppen, die ins Nirgendwo führten, scherzhaft als ‚Die Schreibmaschine'."* Zahlreiche antike Stätten wurden in dieser Phase sichtbar gemacht. Die großen Neubauten des Faschismus ordneten sich die großartigen historischen Monumente unter. Mali fühlte sich neben all diesen mächtigen Bauten winzig klein und spürte eine steinerne Last auf ihren Schultern.

Während Budapest noch einen Hauch von Alt-Österreich versprüht hatte, war die visuelle Präsenz der Antike in Rom hingegen faszinierend, blieb für sie aber steinern und unzugänglich. Ihre „altösterreichische Seele" fand trotz des von ihr so geschätzten wunderbaren Lichtes keinen Bezugspunkt.

Meine Tante schätzte die Familie di Francavilla, wobei eine deutliche Distanz zu spüren war. Mit Piera Lodolo verstand sie sich gut und ihre Dienstherrin war unendlich froh, ein so tüchtiges Kindermädchen gefunden zu haben. Neben ihrem übermächtigen Mann, der sich am besten in seiner eleganten Uniform gefiel, weshalb er sie bei seiner seltenen Anwesenheit stets zu Hause trug, wirkte die Baronin jedoch recht untergeben. Jahre später beschrieb meine Tante den „Principe" als einen von „*unerbittlichem Ehrgeiz Getriebenen. Mit finsterem Blick schritt er wie ein General im Stechschritt von Raum zu Raum. Das Echo tat fast weh, am liebsten hätte ich meine Ohren zugehalten*", beschrieb sie die Szene.

Die einzigen, die mediterrane Lebensfreude verströmten, waren die Hausangestellten, die im Untergeschoß lebten: Die aufgeweckte Köchin aus der Emilia-Romagna, das blutjunge sizilianische Hausmädchen Luisa und der musisch begabte, stets Opernarien pfeifende Gärtner Paolo plauderten gerne und versprühten gute Laune.

Eine Gouvernante, beziehungsweise ein Kindermädchen, nahm sich ganztägig der Kinder an, zog sie an und brachte ihnen Manieren bei. Die Arbeitstage waren lang. „*Den Tag verbrachte ich fast ausschließlich in der Gesellschaft von Giovanna. Manchmal musste ich abends beim Nähen helfen. Meistens teilten sich die Kindermädchen ihr Schlafzimmer mit dem ihrer Zöglinge, bei den di Francavillas gab es aber genug Platz, sodass ich ein eigenes Zimmerchen hatte*", erzählte meine Tante. Piera Lodolo hatte genug Zeit zur Verfügung und es bereitete ihr Vergnügen, Tante Mali Italienisch beizubringen. Mit unglaublicher Geduld sprach sie in ihrer Alt-Stimme jedes Wort laut und langsam aus, gestikulierte heftig und deutete dabei auf alle benannten Gegenstände in den einzelnen Räumen. So erlernte Mali gleichzeitig mit der kleinen Giovanna Dantes Sprache: „*Ich sprach ein melodisches Kauderwelsch aus Italienisch und Deutsch mit der Kleinen, sie schien das zu belustigen. Und natürlich habe ich gerne österreichische Volkslieder gesungen, wenn wir allein waren, damit brachte ich sie oft zum Lächeln.*" Jeden Sonntag, wenn im Hause Besuch angekündigt war oder die Herrschaften auswärts eingeladen waren, hatte Tante Mali nachmittags Ausgang, „*so wie wenn man mich nicht dabeihaben wollte*".

Alleine begab sie sich auf Entdeckungsreisen und liebte es, von einer Sehenswürdigkeit zur anderen zu spazieren. Aber auf ihren Wegen in die Welt der römischen Antike schämte sie sich für ihre einfache Kleidung und provinzielle Erscheinung, denn ihr erschienen die italienischen Frauen der Via Veneto und der Via Condotti viel vornehmer und modischer als sie. Es war die Blütezeit der Schiaparelli-Kleider. Die in Rom geborene Elsa Schiaparelli hatte sich in den 1920er-Jahren in Paris niedergelassen. Über ihre gewagten Entwürfe zerriss sich die Aristokratie in Paris und Rom den Mund. Die den Dadaisten zugeneigte Modeschöpferin brachte den Reißverschluss in die Haute Couture und die schreiende Farbe Pink. Tante Mali erwähnte Jahre später, als wir einmal in einem Journal blätterten: *„Ich muss gestehen, ihre Kleider und Pullover fand ich wirklich extravagant, ich hätte gern einmal ein Stück anprobiert."*

Gelegentlich begab sich die Familie am Wochenende nach Ostia und das Kindermädchen durfte mitfahren. *„Dort habe ich das Meer zum ersten Mal gesehen und das Rauschen der Wellen gehört, und bis heute bleibt das mein größter Glücksmoment"*, erinnerte sie sich. Wo der Tiber ins Meer floss, lag Ostia, das weniger als 30 Kilometer vom römischen Stadtzentrum entfernt war. Mali dachte gerne an diese Besuche am Meer und erzählte uns von den Wellen, dem Geruch von Salz, dem Schreigesang der Möwen. In ihrem Badezimmer lag eine handgroße Muschel, die sie damals auf dem Markt in Ostia erstanden hatte. Sie hielt sie uns Jahre später ans Ohr und meinte *„Na, hört ihr das Meer rauschen?"* und wir bejahten begeistert.

Während Mali in Rom weilte, fanden groß angelegte archäologische Ausgrabungsarbeiten statt, von denen alle Zeitungen berichteten und sie bewahrte einige Zeitungsausschnitte davon in ihrem Baedeker Reiseführer Rom auf. Ein historisch markantes Ereignis fiel ebenso in diese Zeit, als von 3. bis 9. Mai 1938 Adolf Hitler Gast in Mussolinis Italien war. Es handelte sich hierbei um den einzigen offiziellen Staatsbesuch, den der Diktator des Deutschen Reiches während seiner Machtherrschaft antrat, daher hatte dieser Aufenthalt außerordentlich hohe symbolische Bedeutung.

Meine belesene Tante Mali überreichte mir einmal bei einem Besuch das 1995 erschienene Buch *„Hitler, Mussolini und ich"*. Sie interessierte sich bis zu ihrem Lebensende für die italienische Politik und die Entwicklung Roms. *„Das solltest du unbedingt lesen! Gib es mir aber danach wieder zurück, ich hänge sehr daran"*, sagte sie. Es handelte sich dabei um eine pointierte Beschreibung des Hitler-Mussolini-Treffens, verfasst von Bianchi Bandinelli, dem Sohn eines Italieners und einer Deutschen, der wegen seiner kulturhistorischen Ausbildung und seiner Sprachkenntnisse per Befehl von Mussolini selbst verpflichtet worden war, Hitler auf seinem Staatsbesuch zu begleiten. Feinsinnig schilderte er in seinem Tagebuch, das posthum veröffentlicht wurde, seine Eindrücke und stellte fest: *„Es war offensichtlich, dass sich die beiden nicht mochten."* Hatte Hitler bereits ein Jahr zuvor Mussolini im Deutschen Reich empfangen, so oblag es nun dem *„Duce"*, seinem Verbündeten sowie dem italienischen und deutschen Volk die Errungenschaften seines faschistischen Imperiums zu präsentieren. *„Mussolini steht mit der Widerwärtigkeit hochmütiger Rosshändler da, Hitler ist auf den ersten Blick weniger abstoßend, er wirkt servil, wie ein kleiner Angestellter, oder ein Straßenbahnschaffner"*, beschrieb Bandinelli die beiden Diktatoren.

Adolf Hitler war für den mehrtägigen Besuch mit dem Zug nach Italien gereist, die Massen feierten ihn entlang der ganzen Strecke. Ein Bühnenbildner der römischen Oper war mit der Ausschmückung der Stadt beauftragt worden. Wie übertrieben man dabei den antiken Einzug eines Triumphators mit modernen Mitteln zu imitieren suchte, zeigte nicht zuletzt die Tatsache, dass der Diktator außerhalb der antiken Mauern empfangen und gemeinsam mit dem italienischen König Vittorio Emanuele III. in einer Kutsche durch die Stadt zum Quirinalspalast chauffiert wurde.

Bianchi erwähnte die *„kreischende Stimme"* Hitlers, seine melodramatische Artikulation und den glühenden Fanatismus. Eine nahezu unglaubliche Anekdote zu diesem Ereignis entdeckte ich bei meinen Recherchen: Bei dem für Hitler und die deutsche Delegation organisierten musikalischen Höhepunkt in der Villa Borghese wurde ein Akt aus Wagners „Lohengrin" geboten, und angeblich hatten alle Sänger einen Hitlerbart aufgeklebt. *„Ich war nach diesem Staatsbesuch sehr depressiv, wieder einmal ist mir bewusst geworden, dass sich alles verändert."* Nachdem sie bereits in Budapest die Aufbruchsstimmung miterlebt hatte, beängstigte sie dieser *„überspannte Staatsbesuch"*, wie sie an ihre Tante schrieb. *„Ich bin jeden Tag in der Villa Borghese herumspaziert und in diesem Schicksalsjahr 1938 erinnere ich mich vor allem an die Mimosen in der Osterzeit. Ihr Duft tröstete mich"*, kommentierte Tante Mali dieses Ereignis.

Dass sie oft allein war, beschreibt sie folgendermaßen: *„Das Leben der Kindermädchen war in der Regel einsam. In den wenigsten Familien wurde man zu einem gleichwertigen Familienmitglied, die Abende verbrachte ich meist allein. Oft wusste ich nicht, ob meine Anwesenheit willkommen war, wenn die Familie Gäste hatte.*

Bei gesellschaftlichen Veranstaltungen im Hause der Signora wurde ich häufig vollständig ignoriert und das verunsicherte mich sehr, es war so anders als bei Lilly von Cseh. Meine sozialen Kontakte waren die freundlichen Hausangestellten und anderen Personen begegnete ich nur auf meinen Spaziergängen."

Eines Tages lernte Tante Mali auf einem ihrer Sonntagnachmittagsstreifzügen einen jungen Mann kennen. Er hatte sie in einem Stadtplan blättern sehen und sofort seine Hilfe angeboten. Sein höfliches Auftreten gefiel ihr und er behauptete, er müsse in dieselbe Richtung gehen. Die einsamen Runden wurden dank seiner Begleitung plötzlich zu einem knisternden Zeitvertreib. Er hieß Taddeo d'Ambrosio und dank seiner drei glühenden auf Italienisch verfassten Liebesbriefe können wir wie durch ein Schlüsselloch auf diese Begegnung blicken, von der meine Tante nie ein Sterbenswörtchen erzählt hat. Auch diese Korrespondenz hat meine Tante aufbewahrt, über einige ihr unbekannte Worte hatte sie hauchzart die deutsche Übersetzung dazugeschrieben.

Beginn eines Briefes von Taddeo an Mali, 1939. Insgesamt umfasst der Brief sechs Seiten.

Taddeo hatte Politik und Jus studiert, arbeitete bei einem Rechtsanwalt und bereitete sich, wie seine Eltern das wünschten, auf eine diplomatische Karriere vor. Sein heimliches Steckenpferd war aber die Kunst, daher hatte er nebenher zusätzlich Kunstgeschichte studiert. Taddeo und Mali trafen sich nun zu regelmäßigen Ausflügen und so hatte die junge Frau sozusagen einen privaten Fremdenführer gefunden, der ihr wortgewandt und voller Begeisterung sein umfangreiches Wissen über die Geschichte Roms näherbrachte. Gemeinsam erkundeten sie die Via Appia, das Kolosseum, die Katakomben und viele Museen der Stadt und spazierten entlang der alten Stadtmauern. Seine blumigen Worte in den Briefen beschrieben diese romantischen Schlendereien. Auch äußerte er mehrmals die Hoffnung, dass aufgrund der Freundschaft Italiens mit dem Deutschen Reich, der sogenannten „Achse Berlin-Rom", seine Heimat nicht in den drohenden Krieg hineingezogen werden würde.

Anfang 1939 erhielt Malis Dienstgeber Don Riccardo die lang ersehnte Beförderung und eine Stelle in der Militärakademie als Capitano di Vascello della Marina Militare Italiana. Die Familie musste daher nach Livorno umziehen, wo Don Riccardos neuer Arbeitsplatz, die Accademia Navale, lag. Selbstverständlich sollte Mali mitkommen, die Signora erwartete ihr zweites Kind. Rasch fand man neben der Militärakademie eine herrschaftliche Wohnung, direkt am Meer in der Via Italia gelegen. Tante Mali freute sich besonders darauf, dann dem Rauschen der Wellen nahe zu sein. Ihre Dienstherrin hatte schon seit Tagen von der Hafenstadt mit ihrer herrlichen Strandpromenade geschwärmt. Als „ungemein kosmopolitisch" hatte Piera Lodolo Livorno bezeichnet. Meine Tante erzählte, sie hätte diesen Ausdruck damals zum ersten Mal gehört und ihn sofort ihrem Vokabular hinzugefügt. „*Weil Kosmos das Universum bedeutet*", erklärte sie mir damals freudestrahlend.

Die Vorbereitungen für den Umzug gingen zügig voran und schließlich stieg Mali mit der schwangeren Madame und Töchterchen Giovanna in den legendären Calais-Nizza-Rom-Express. Erster Klasse fuhren sie von Rom die toskanische Küste entlang nach Livorno. „*An die edle Holztäfelung im Abteil kann ich mich erinnern und an wunderbar bequeme dunkelrosarote Polstersessel. Der Zug bewegte sich zwar sehr langsam, aber das gestattete mir, die herrliche Küstenregion zu entdecken.*"

Alles war so schnell gegangen und Mali schien keine Zeit mehr gehabt zu haben, Taddeo von diesem plötzlichen Weggehen zu informieren. Daraufhin schien der verliebte junge Mann sie monatelang gesucht und schließlich aufgespürt zu haben. Er war enttäuscht über ihr wortloses Verschwinden, schlug aber sogleich ein Treffen vor, denn auch er hatte berufsbedingt Rom verlassen und lebte nun in Florenz, also gar nicht weit von Malis neuem Domizil. Leider konnte ich nie herausfinden, ob und wie meine Tante darauf antwortete.

Livorno war dank des internationalen Hafens und der Marineakademie eine reiche Stadt. Die 1881 eröffnete Accademia Navale bildete Offiziersanwärter der italienischen Marine aus, galt als renommierteste Offiziersschule Italiens und war wegen ihrer oft übertriebenen Disziplin und Härte bekannt. Das Symbol der Akademie war das Segelschiff Amerigo Vespucci. Mit seinen drei gewaltigen Masten war dieses 1930 gebaute Boot der ganze Stolz der Militärakademie. Nach seinem Dienstantritt führte Don Riccardo Imperiale di Francavilla in der neuen schimmernden Uniform seine Familie und Mali auf die Amerigo Vespucci und sie konnten das „Wunder" besichtigen: *„Beim Anblick der mächtigen Segel, auf dem Oberdeck stehend, fühlte ich mich wie eine Abenteurerin"*, beschrieb Mali das Erlebnis später.

Mali 1938 in Livorno

Am 30. März 1939 wurde Giovannas kleines Schwesterchen Alberta in Livorno geboren. Die Freude über die Geburt eines gesunden Mädchens war leider beeinträchtigt durch die dunklen Wolken, die den Zweiten Weltkrieg ankündigten, sich kontinuierlich dichter zusammenzogen und Piera Lodolo stark verunsicherten. Ihr Gatte indes war enttäuscht, dass sie wieder „nur" ein Mädchen bekommen hatten. Mali kümmerte sich besonders hingebungsvoll um das Neugeborene und die kleine Giovanna, als könnte sie dadurch einen Schutzwall um beide aufbauen.

Mit Hitlers Überfall auf Polen Anfang September 1939 begann tatsächlich der Zweite Weltkrieg und bald traten Großbritannien und Frankreich in den Krieg ein. Malis Hoffnung, in ihrem mediterranen Exil unauffällig weiterarbeiten zu dürfen, erwies sich als Trugbild. Ende September klingelte es eines Nachmittags stürmisch bei der Familie di Francavilla. Das Hausmädchen öffnete und zwei deutsch sprechende Uniformierte fragten ungeduldig nach der Gouvernante. Mali war starr vor Schreck, als ausgebildete Säuglingsschwester und Kindermädchen solle sie unverzüglich zurück in ihre Heimat fahren, wo viel Arbeit für den „Führer" auf sie warte. Nein, dachte sie. Sie wolle hierbleiben, antwortete sie, denn sie habe zwei kleine Mädchen in ihrer Obhut, um die sie sich kümmern müsse. Nein, sie wolle nicht zurück. Vier Wochen später kamen jedoch erneut zwei Armeeangehörige, *„ganz finstere Gestalten. An die glanzvoll geputzten Stiefel erinnere ich mich noch"*, murmelte meine Tante mit leiser Stimme. Die junge Österreicherin wurde angehalten, in die Heimat zurückzukehren und *„dem Führer zu dienen"*, sie sei *„unabkömmlich"*. Brutal hätten sie sie in den Salon zurückgestoßen und mit harschen Worten bedroht. Mit welchen Mitteln die Bestiefelten sie schließlich *„einschüchterten"*, erzählte sie niemals, nur dass sie *„gelähmt war vor Schrecken"*. Mehrere ähnliche Szenen finden sich im Buch, das Tante Mali mir kurz vor ihrem Tod ausgehändigt hat. *„Alle Frauen sind nun in den Arbeitsprozess einzuschalten und Widerstände müssen gebrochen werden."* – Diesen Satz hatte sie dreimal unterstrichen. Und auch die folgenden Worte waren mit Rufzeichen versehen: *„Den weiblichen Opfern von Gewalttakten fehlte das Vokabular, um das Erlebte in Worte fassen zu können."*

Don Riccardo hatte ihr nahegelegt zu *„gehorchen"*, er wolle wegen ihr *„keine Schwierigkeiten bekommen"*, ihre Fähigkeiten als Kinderschwester seien nun im *„Reich"* gefragt, bekräftigte er. So musste sie gegen ihren Willen Hals über Kopf Italien verlassen. Der von alledem nichts ahnende Taddeo wartete vergeblich auf eine Antwort von Mali. Kurz nach ihrer überstürzten Rückkehr nach Österreich traf Ende Dezember 1939 ein letzter Brief von ihm in Linz ein, Signora Lodolo hatte ihn nachsenden lassen. Darin flehte er sie inständig an, zu ihm nach Florenz zu kommen, wo er zu dieser Zeit arbeitete. Oder dürfte er zu ihr reisen? Damit versandete diese kleine Liebesgeschichte. Gibt es noch weitere Briefe, die verloren gingen?

Die Tragödie des Zweiten Weltkrieges hatte nun auch für Italien begonnen. Am Ende des Krieges beklagte Italien über 400.000 Tote. War Taddeo auch darunter?

„SCHWARZE GEDANKEN"
Verehrer in der hoffnungslosen Kriegszeit

Nach all den Schreckensmomenten fühlte sich Mali *„wie gelähmt"*. Ganz sicher machte sie sich um ihre Familie in Linz gewaltige Sorgen. Würden ihre Wahlbrüder in den Krieg eingezogen werden? Hans war zu Kriegsbeginn siebzehn, Alexander dreizehn Jahre alt.

„Da unten in Rom bin ich sehr gut zurechtgekommen, und nur der Beginn des 2. Weltkrieges und die damit verbundenen Risiken eines Lebens im Ausland haben mich veranlasst, auch diesen Arbeitsplatz aufzugeben, den verschiedenen Aufrufen zurück in die Heimat zu gehen dennoch zu folgen", hielt Tante Mali 1985 in ihren Lebensaufzeichnungen fest. Ihre wahren Eindrücke wagte sie wohl nicht festzuhalten.

Von der Familie di Francavilla hörte sie nie mehr ein Wort und betrübt dachte sie immer wieder an die kleinen Mädchen, die ihr sehr am Herzen lagen. Am 1. Oktober 1995, ich erinnere mich sehr genau, hielt sie plötzlich inne und sagte: *„Heute wäre Giovanna 60 Jahre alt"*, die kleine *„Principessa"* hatte einen festen Platz in ihrem Herzen behalten. Tante Malis intensive Bemühungen, Giovanna, Alberta und ihre Eltern nach dem Krieg über das Rote Kreuz wiederzufinden, brachten kein Ergebnis. Noch heute existiert dieser Suchdienst des Roten Kreuzes, er arbeitet über die Grenzen hinweg. Tante Mali hatte unzählige Suchanfragen per Post gestellt und einige ihrer Kontakte aus Ungarn wiedergefunden, über die italienische Familie allerdings erhielt sie keinerlei Hinweise auf deren Verbleib. Ob sie jemals etwas über Taddeo in Erfahrung bringen konnte, ist mir unbekannt. Ich habe ihn bei meinen Nachforschungen über Kriegsgefallene nicht ausfindig machen können.

Im Jahr 2000, als wir einmal gemeinsam im Café Traxlmayr Kaffee tranken und von „damals" sprachen, bat mich Tante Mali, nach der Familie di Francavilla zu suchen. Sie hatte wiederholt wissen wollen, was aus ihnen, speziell aus Giovanna, geworden sei. In Erinnerungen schwelgend schilderte sie den Ausblick aus ihrem Dachzimmer in Livorno, von dem aus sie direkt in den Hof der Accademia Navale spähen konnte.

„Ich habe das Meer geliebt, habe es beschnuppert, wie andere Kölnisch Wasser", erinnerte sie sich. Ich begab mich auf die Suche im Internet und wurde eines Fotos habhaft, das ich ausdruckte und Tante Mali zeigte. „Ja!", rief sie aufgeregt, *„genau das war der Blick von meinem Fenster aus in den Innenhof der Militärakademie! Wie eine im Windhauch schwebende Möwe sah ich von hoch oben den geschäftigen Innenhof."*

Erst nach Tante Malis Tod fand ich schließlich heraus, dass Riccardo di Francavilla sich noch während des Krieges von Piera Lodolo hatte scheiden lassen und 1947 nach Rio de Janeiro ausgewandert war. Er galt als schwerer Kriegsverbrecher. Jahre später kehrte er inkognito zurück nach Italien und starb 1961 in Mailand. Von Piera Lodolo fehlt leider jede Spur. Wie sehr doch ihr Schicksal dem von Lilly gleicht! Beide Arbeitgeber verließen ihre Frauen und Kinder.

Nach der erzwungenen Rückkehr in die Heimat befand sich die Welt am tiefen Abgrund eines neuen Krieges. Als Frau, die die Bergwelt kannte, wusste Mali, was „Abgrund" bedeutete: eine Art Klettern ohne Sicherheitsseil. Und als solchen deutete sie die Situation, sie spürte den Schwindel und fürchtete das Fallen. Ihre lieb gewonnene Selbstständigkeit, die sie vier Jahre ausgekostet hatte, wurde ihr durch die politische Situation genommen. Sie durfte nicht mehr das Leben führen, das ihr vorgeschwebt war und für das sie viel auf sich genommen hatte. Sie war eine berufstätige Frau mit guter Ausbildung, die weder Vater noch Ehemann oder Versorger benötigte, um ein angenehmes und aufregendes Leben führen zu können. *„Ich hatte ja berühmte Gleichgesinnte wie Bertha von Suttner, Marie Curie oder die Brontë-Schwestern, die alle ebenfalls Gouvernanten gewesen waren"*, erklärte sie mir immer wieder, erfüllt von Stolz.

Die Erfahrungen in Budapest und Rom hatten ihr vor Augen geführt, dass die Tätigkeit einer Kinderschwester für Frauen der gebildeten Mittelschicht eine der wenigen Möglichkeiten darstellte, einen standesgemäßen Beruf auszuüben. Fast ausschließlich Frauen, die niemanden hatten, der für ihren Lebensunterhalt aufkam, und die daher für sich selbst sorgen mussten oder wollten, entschieden sich dafür. Meine Tante repräsentierte das Bild einer ungebundenen Frau, die weder in Altjüngferlichkeit noch Armut zu enden gedachte. Nur wurde einstweilen nichts mehr aus der erträumten Gouvernanten-Karriere im Ausland.

Mit nicht einmal 25 Jahren musste Mali bereits zum zweiten Mal einen Weltkrieg durchleben – eine Jugend in Trümmern! Die Fahrt zurück nach Linz erinnerte kein bisschen an die so beflügelnde Reise zwei Jahre zuvor. Die Züge waren zum Bersten voll mit Soldaten, verzweifelte Flüchtende brachten all ihr Hab und Gut mit, sogar lebende Hühner saßen verschreckt unter den Holzbänken. Kummer und Niedergeschlagenheit waren allerorten sichtbar, doch das tatsächliche Ausmaß dieser neuen Katastrophe konnte noch niemand erahnen. „Damals", so eröffnete mir Tante Mali, „hatte ich ‚schwarze Gedanken'." Angsttränen rannen ihr übers Gesicht und sie ahnte, welche Schrecken erneut auf die Menschheit zukommen würden. *„Die Welt hatte sich verdunkelt, wir tappten im Finsteren, was die Zukunft betraf. Und der Erste Weltkrieg, in dem ich Kind war, lag noch gar nicht so lange zurück, ich erinnerte mich an den Hunger, die Not, die Sorgen um unsere Familien, vor allem aber an die Panik. Ich weinte nächtelang in mein Kopfkissen."*

Wohin sollte sie gehen? *„Ich habe vorerst gegen Entgelt wieder bei Tante Käthe gewohnt. Der Wohnsitz war damals für eine Familie allein zu groß, ansonsten hätte die Villa als Kriegseinquartierung genommen werden müssen"*, steht in ihren Lebenserinnerungen. *„Daher waren alle erleichtert, dass ich nun Platz brauchte"*, und dass damit Soldaten anderswo unterkommen mussten. Freiheiten gab es von nun an nicht mehr, das Leben war streng reglementiert, alle neuen Vorschriften mussten genauestens eingehalten werden. Im Deutschen Reich standen Hetzreden, Machtspiele und Einschüchterung an der Tagesordnung.

In einem Brief vom Oktober 1939 schrieb eine ehemalige Arbeitskollegin aus Kirchschlag an Mali: *„Es gibt für alle Menschen auf der Welt einen Platz, nur muß jeder danach streben und darf nie mutlos werden."* Diese Bemerkung hatte meine Tante dick mit einem roten Stift angestrichen und wütend für sich selbst darüber vermerkt: *„Ein Platz ist aber kein ‚Daheim'"*, ergänzt mit drei Rufzeichen. Dieser Satz muss ihr wohl sehr nahe gegangen sein. Wo fühlte sich meine Tante tatsächlich am besten aufgehoben? Wo war ihr „Zuhause"? War es Linz, wo sie aufgewachsen war und ihre Verwandten lebten? War es ihre Arbeit? Oder etwa Budapest?

Zeitungsartikel oder Briefe, die sie erhielt, las sie voller Aufmerksamkeit. Dabei entwickelte sie die Eigenart, Sätze oder Worte, die ihr etwas bedeuteten oder die sie irritierten, zu markieren, meist in Farbe. Aufwühlende Kommentare versetzte sie mit Satzzeichen – diese Wort-Hervorhebungen sollte sie ihr Leben lang beibehalten. Es war, als wollte sie damit Geschriebenes für die Ewigkeit festhalten, als wollte sie die wichtigen Worte einmeißeln. Das Gleiche gilt für Bücher, in denen sie wesentliche Stellen anstrich und hervorhob – diese Angewohnheit habe ich von ihr übernommen.

Am 2. November 1939 trat Mali einen neuen Dienst an – als Fürsorgerin im Fürsorgeamt der Stadt Linz. Dies war sicher nicht ihr ursprünglicher Plan gewesen, doch der Krieg hatte ihre Gouvernanten-Karriere im Ausland beendet und sie fand nun durchaus Zusammenhalt und Sinn in ihrer neuen Arbeit und mit der Belegschaft. *„Wir waren alle mütterlich, helfend, ratend, tatkräftig, verständnisvoll, aber auch bescheiden, maßvoll und angepasst."* So beschrieb sie sich und ihre Kolleginnen in ihren Lebenserinnerungen: *„Die meisten von uns kannten das ‚wahre' Leben aus eigener Erfahrung."* Bis 1945 waren im Wesentlichen dieselben Frauen im Einsatz, die über alle politischen Systemwechsel hinweg eine gute Gemeinschaft bildeten.

Der Beruf der Fürsorgerin geht auf die Wienerin Ilse Arlt zurück. Diese gründete 1912 die erste Fürsorgerinnenschule und setzte sich für die Verbesserung der Arbeits- und Lebensbedingungen von Frauen ein. Dank ihrer breit gefächerten Erfahrungen arbeitete Mali zunächst im Bereich Kinder- und Jugendhilfe. Zunehmend stieg jedoch der Bedarf an Krankenschwestern im Lazarett, wo Mali verletzte und verstümmelte Soldaten pflegte. Lazarette waren übergangsweise Krankensäle oder nur Baracken, in denen Operationen durchgeführt wurden. Sie wurden in Schulen, Verwaltungsgebäuden oder sogar Kirchenschiffen untergebracht.

Tante Mali war ab 1940 in Bad Hall in einem eilig dorthin versetzten Reservelazarett im Einsatz, insgesamt standen 150 Betten für Schwerstverwundete zur Verfügung. Zudem waren unzählige Medizinstudenten im Einsatz, um die ständig neu eintreffenden Verwundeten zu behandeln. Mali ging diese Aufgabe überaus nahe, sie *„funktionierte aber"*, weil sie musste. Beim Anblick der jungen verzweifelten Männer war sie voller Mitleid und gleichzeitig halbkrank vor Sorge, dachte sie doch voller Angst an ihre eigenen Verwandten.

Schwarze Gedanken

Ihr Wahlbruder Hans, der 1940 in Wien sein Medizinstudium begonnen hatte, wurde 1944 zum Fronteinsatz nach Bessarabien (heute zwischen Moldau und Ukraine aufgeteilt) und Rumänien geschickt, wo er schließlich in russische Kriegsgefangenschaft geriet. Aufgrund seiner Ausbildung war er in Temeswar drei Jahre lang als Lagerarzt tätig, behandelte die Schwerverletzten und *„lernte unendlich viel. In drei Monaten operierten wir 600 Schwerverwundete"*, schilderte er seiner Wahlschwester in einem Brief.

Mali 1944 in Linz

Erst Ende 1947 kehrte Hans mit einem Heimtransport zurück nach Linz, promovierte kurz darauf in Innsbruck und fand 1948 eine Stelle als Arzt in seiner Heimatstadt bei den Barmherzigen Schwestern.

Auch mein Vater, Alexander, also ebenfalls Malis Wahlbruder, wurde 1944, mit knapp achtzehn Jahren, in den Krieg geschickt. Als er sich an der Front in der Slowakei befand, vertraute sie ihm in einem Brief an: „*Weißt Du, Alex, ich habe mich ja furchtbar geärgert, weil ich Dich vor Deiner Abfahrt nicht mehr traf, und heute noch darf ich daran nicht denken. Dabei hatte ich am Vortag sowohl das Gesundheitsamt als auch unsere Mutterberatungen nach Lebionzucker für Dich bestürmt. Ich bin nur froh, annehmen zu können, daß Du halbwegs gut versorgt bist.*" Lebionzucker, eine Art Vitaminzusatz, war 1943 in der Säuglingspflege eingeführt worden, um den Vitaminhaushalt der schlecht ernährten und hungernden Kinder zu verbessern. Mein Vater gelangte in den letzten Kriegsmonaten schließlich nach Südfrankreich, wo er abgemagert und traumatisiert von amerikanischen Einheiten in einem Wald aufgegriffen und wieder „*aufgepäppelt*" wurde. Er kehrte Ende 1945 zurück nach Linz. Seine Schwester Käthe blieb bei den Eltern.

Mali half, wo sie konnte, wie aus den Briefen zwischen ihr und Verwandten hervorgeht. Sie packte beim Kartoffelernten mit an, flickte abgetragene Kleidung und putzte den Kriegsschutt mit dem Besen weg. Man lebte zu Kriegsende in einer Lebensmittelmarken-Gesellschaft, aber glücklicherweise kannte jeder irgendjemanden, der „Verbindungen" hatte, und so gelangten manchmal zusätzliche „Gustostückerl" auf den karg gedeckten Tisch. Malis in Oberösterreich weit verstreute Verwandtschaft brachte Gemüse und Kartoffel vom Lande, als Rarität gab es den beliebten „Vogelbeerschnaps" aus Mattighofen. Dieser galt als wertvoller „Vitaminspender" und half bei Bronchitis und Magenverstimmung. Die Familie teilte alle Schätze untereinander auf, um die größte Not zu lindern.

Der Luftkrieg über Oberösterreich setzte im Unterschied zu Überraschungsangriffen auf andere Regionen des Deutschen Reiches eher langsam ein, sodass genug Zeit blieb für Luftschutzmaßnahmen, den Ausbau von privaten und öffentlichen Luftschutzräumen sowie die Errichtung von Luftschutzanlagen der Großbetriebe. Dadurch hielten sich hier die Verluste geringer als in anderen Landesteilen. Linz verfügte 1943 über fünf Bunkerbauten für über 2.000 Personen und baute bis Februar 1944 über neunzehn bombensichere Fels- und Sandstollen aus. Bis Ende des Krieges wurden in Hitlers

Jugendstadt durch den Bombenkrieg etwa 3.000 Wohnungen zerstört und 1.700 Menschen getötet.

Bombenangriffe auf strategische Ziele, wie Rüstungsindustrie, Bahnhöfe und Krankenhäuser, setzten in Linz ab 1944 ein. *„Nach dem entsetzlichen Sirenenheulton rannten wir sofort in einen Luftschutzraum"*, schreibt meine Tante. Die Zugänge für diese besonders stabilisierten Kellerräume waren mit dicken Hinweispfeilen markiert. *„Alle waren wir chronisch übermüdet und vollkommen erschöpft. Die angreifenden Flugzeuge hatten das Krankenhaus getroffen, obwohl auf dem Dach ein großes rotes Kreuz zu erkennen war"*, berichtet meine Tante schockiert.

Im Februar 1944 wurde Mali auf der Flucht in den Luftschutzkeller unter einem zusammenstürzenden Gebäudetrakt begraben. *„Während dieser langen und bangen Minuten füllte sich der Raum mit dickem Rauch, das Atmen wurde beschwerlicher. Gleichzeitig knallten die Explosionen der draußen aufschlagenden Sprengkörper. Die Leute weinten, hielten sich die Ohren zu, zitterten. Draußen krachte, klirrte und schepperte es. Plötzlich hörte der furchtbare Lärm auf, genauso unvermittelt, wie er begonnen hatte. Dann erinnere ich mich an nichts mehr. Das ununterbrochene orgelnde Pfeifen, das schmetternde Knallen, Krachen und Bersten schalteten mein Gehör aus. Nur langsam begann ich dann wieder etwas zu hören, zumindest auf einem Ohr."* Mali lag unter einem Schutthaufen begraben, es dauerte mehrere Stunden, bis helfende Hände sie ausgruben. Rein äußerlich sah man kaum Verletzungen, nur einige Kratzer, aber aus ihrem linken Ohr lief Blut und es soll wie *„Hunderte Nadelstiche"* geschmerzt haben. Meine Tante vertraute einer Nachbarin später an, dass sie damals zudem „innere" Verletzungen davongetragen habe, die zu ihrer Unfruchtbarkeit geführt hätten. Dies erwähnte sie allerdings niemals der Familie gegenüber – vielleicht war es auch eine tiefe seelische Verletzung, die als Argument dafür diente, nie zu heiraten, denn sie wollte *„keinem Mann den Kinderwunsch verwehren"*, wie sie ihrer Cousine anvertraute.

Aufgrund der Schwere der Verletzung wurde sie nach Wien verlegt. Monatelang zogen sich ihre medizinischen Behandlungen hin, ihr linkes Ohr aber blieb für immer taub. Der behandelnde Ohrenspezialist im Wiener Krankenhaus war eine Koryphäe auf dem Gebiet und bat meine Tante, nach der Behandlung noch länger zu bleiben und die Krankenschwestern zu unterstützen. Mehrere Wochen blieb sie daraufhin dort, gemeinsam mit zahlreichen Soldaten, die in den Kriegswirren ebenfalls Gehörschäden davongetragen hatten.

Die meisten von ihnen hatten zusätzlich andere schwere Verwundungen zu beklagen. Mali hoffte, dass man ihre Wahlbrüder im Notfall genauso pflegen würde, und sie betete, dass Hans und Alexander von schlimmen Verletzungen verschont blieben.

Tante Malis Gehörschaden, der von einem Trommelfellriss stammte, hatte zwar keine sichtbaren Folgen, veränderte aber ihre Wahrnehmung grundlegend. Bei Geräuschen reagierte sie in der Folge schreckhaft, geradezu nervös. Näherte sich ihr jemand, hörte sie die Schritte nicht und erschrak, wenn sie plötzlich laut angesprochen wurde. Dazu kam, dass sie sehr laut zu sprechen begann, weil sie sich ja nur mehr mit einem Ohr hörte. Und da sie nicht wirklich akustisch wahrnahm, was geredet und warum gelacht wurde, stellte sich bei ihr mit der Zeit Misstrauen ein, da sie fürchtete, dass über sie gesprochen und gewitzelt wurde. Ihr Gleichgewichtssinn sollte für immer gestört sein und sie vermied mit der Zeit bewusst Situationen, in denen hätte auffallen können, dass sie schlecht hörte, auch weil sie Angst hatte, nicht mehr gesund und fit zu wirken.

In den ersten Monaten ihrer Genesung half sie, wie erwähnt, im Spital, da *„ja nur das Ohr spinnt"*. Angesichts des noch viel größeren Leids der verwundeten Soldaten erschien ihr die eigene Verletzung unwichtig. Die dem Tod Geweihten sahen in Mali dank ihrer Zuwendung einen Engel. Sie fand für jeden aufmunternde Worte.

In ihren Lebensaufzeichnungen reflektierte sie im Rückblick auf die Kriegsjahre: *„Mir ist's manchmal, als wäre ich ein anderer Mensch geworden. Das vergangene Jahr mit den vielen im Spital verbrachten Wochen und sonst noch mancherlei Änderungen haben mich sicherlich etwas umgemodelt und verhärtet und erweicht sogleich, so komisch das klingen mag."* Wie durch ein Wunder blieb Mali von Todesfällen innerhalb der nahestehenden Familie verschont, doch ihre seelischen Verletzungen und all das Leid, das sie gesehen hatte, sollten sie noch lange verfolgen: *„In den vielen verlassenen, verwitweten und vergewaltigten Frauen, die alles verloren hatten, sah ich mich selbst."* Alle waren seelisch angeschlagen und schleppten sich irgendwie durch den Alltag. Meine Tante gestand mir später, sie sei unendlich froh gewesen, ihre Arbeit gehabt zu haben, die sinngebend und von bescheidenen menschlichen Erfolgen gekrönt gewesen sei.

Und Tante Mali war auch sehr beliebt! Über dreißig Liebesbriefe existieren aus den Jahren 1945/1946, von insgesamt acht glühenden Verehrern meiner Tante.

Aus der Zeit ihrer Spitalstätigkeit stammen einige von Schwerverletzten mit größtem Aufwand hingekritzelte Liebesbezeugungen. Diese Korrespondenzen führte sie fort, auch wenn etliche Soldaten nach ihrer Genesung zurück in den Krieg ziehen mussten. Malis Antworten an die Unglücklichen an der Front, die sie teilweise abschrieb und aufbewahrte, waren von Wärme erfüllt. Einen gewissen „Rottenführer Heinz Kapl" traf sie zweimal. Er bat sie mehrmals schriftlich, ihn zu heiraten, wenn er zurückkomme, und er hätte gerne einen „strammen Buben" mit ihr. Ein Gefreiter Johann Brandstätter sprach während seines Heimaturlaubs bei Tante Käthe vor, um offiziell um Malis Hand anzuhalten, doch sie erschien nicht zum vereinbarten Rendezvous – er war ihr zu direkt. Sein Abschiedsbrief, den er ihr schickte, nachdem er verstanden hatte, dass ihre Gefühle nicht dieselben waren wie seine, geht heute noch zu Herzen:

„Und noch eine Bitte: Denken Sie nie Schlechtes von mir, ich habe Sie zwar trotz Ihres Verbotes geliebt, es waren aber die einzigen Sonnenstrahlen in meinem Soldatenleben. Nicht wahr, Sie gönnen sie mir ja. Behalten Sie mir ein gutes Andenken, und erinnern Sie sich meiner in Ihrem Gebet, vielleicht komme ich doch gut durch. Nochmals sage ich Gott sei mit Ihnen, von Herzen alles Gute. Leben Sie wohl, Brandstätter." (Aus dem Abschiedsbrief des von Mali zurückgewiesenen Johann Brandstätter, Mai 1944)

Und hier die Worte eines weiteren Verehrers:

„Liebes Frühlingsmädel! Dass Du die Richtige bist, weiß ich trotz der wenigen Stunden. Du mußt Dir vorstellen, daß mir ja durch die vielen Mädels, die ich kennenlernte, schon lange das Ideal derjenigen vorschwebte, die ich eben wirklich lieben werde. Die kurze Zeit hat genügt, in Dir alles gefunden zu haben. Du kannst ganz beruhigt sein, ich fühle mich sehr wohl, es ist nicht schlimm, sondern leider nur etwas langwierig. Der Splitter im Arm wurde mir vorige Woche entfernt, und bald wird der Arm wieder zu gebrauchen sein. Nur der Splitter in der Brust ist noch am alten Platze, sitzt in der Nähe der Herzgegend, und ich weiß nicht, soll er entfernt werden oder nicht?" (Aus dem Brief von Alois Gschwandtner, kurz nach Kriegsende)

Tante Malis ehrliche Antwort auf diesen Brief lautet wie folgt:

„Für Ihren Brief und die Geburtstagswünsche recht innigen Dank. Wieder und mit ganz gemischten Gefühlen habe ich Ihre Zeilen gelesen. Ich empfinde sie nicht

als Zudringlichkeit, ganz bestimmt nicht! Ihr dauernder Glaube an mich, trotz meiner spärlichen Antworten, schlägt im Gegenteil an eine klingende Seite, und es gewinnt nur vor allem Ihre Beständigkeit immer wieder Achtung ab. Nun werden Sie aber mein langes Schweigen nicht verstehen können: Diesmal ist es keineswegs Schreibfaulheit, sondern es fiel mir vielmehr sehr schwer, auf Ihre beiden letzten Briefe zu antworten. Stets schob ich es daher auf die lange Bank. Ihr letzter Brief brachte mir wieder einmal so recht zum Bewusstsein, wie viele nicht nur körperliche Entbehrungen, sondern vor allem seelische Depressionen und Entsagungen unsere Soldaten zu erdulden haben. Ich mache mir bisweilen bittere Vorwürfe, weil ich die Gelegenheit, Ihnen Ihr Schicksal durch hin und wieder einen schriftlichen Beweis der ständigen Verbundenheit unserer Heimat mit der Front freundlicher zu gestalten, nicht ergriff. Sie kennen mich bereits etwas. Ich war immer offen und ehrlich und schreibe auch jetzt keine leeren Worte. Es ist daher anzunehmen, daß Sie die richtige Schlussfolgerung für die obigen Zeilen finden. Ich bin, wenn es Ihnen tatsächlich Freude macht und es für Sie auch ein kleiner Lichtblick ist, gerne bereit, mit Ihnen auch weiterhin im Briefwechsel zu bleiben. Dieser Zusage möchte ich jedoch eine Bitte anschließen. Ich ersuche Sie, aus ihren Zeilen das gefährliche Thema Liebe zu streichen. Versuchen Sie einmal, in mir einen Kameraden zu sehen, einen Menschen, der Verständnis für Ihre Lage hat und gerne helfen möchte. Nun aber zu Ihnen. Seit ich weiß, daß Sie wieder im Einsatz stehen, wandern meine Gedanken öfter als sonst hinaus an die Front mit der bangen Frage, wie mag es wohl unseren Soldaten im Osten gehen. Sie haben mir für meinen Geburtstag alles erdenklich Gute gewunschen. So warm und so herzlich, daß mich Ihre Zeilen fast beschämen. Wenn ich daran denke, so ist es ein großer Wunsch, der mich beseelt. – Gibt es einen Gott, der über uns die Geschicke lenkt, so möge er alle die mir gewünschten Gnaden über Sie ergießen. Wenn auch jetzt die Zeit noch ernst und voller Kampf und Sorgen ist, so muß es ja doch wieder einmal anders werden. Es geht alles, sogar die schwerste Zeit, vorüber, und ich glaube fest daran, daß nach mühevollen schweren Tagen auch wieder etwas frohere kommen. Diese Zuversicht möchte ich Ihnen geben. Lassen Sie sich von dem Geschick nicht unterkriegen, dann muß alles wieder recht werden. Mit den aufrichtigsten Wünschen grüßt Sie bestens Amalia Berger."

Ein weiterer Verehrer ließ nicht lange auf sich warten, doch Mali bremste auch ihn:

„Ihre Zeilen geben mir etwas zu denken. Wiederholt schon stellte ich mir die Frage, wie es denn möglich sein kann, daß Sie nach den wenigen Augenblicken, die Sie mich nur sahen und die Ihnen doch wirklich kaum die Möglichkeit gaben, mich richtig kennen zu lernen, so ich aber doch Ihnen gegenüber oft wirklich nachlässig war, Sie noch immer im guten Glauben an mich denken. Vielleicht stellen Sie sich in mir eine Frau vor, die in Wirklichkeit gar nicht existiert."

Für die traumatisierten Soldaten bedeutete der Austausch mit Mali einen leisen Hoffnungsschimmer, zumindest ein briefliches Zuhause und den Wunschglauben an eine Zukunft. Und sie nahm sich Zeit für ihre Antworten, die so heiß ersehnt waren. Sie blieb ehrlich, aber mitfühlend.

Ein lebenslanger Verehrer, den sie schon seit ihrer Jugendzeit kannte, war ein Schulfreund ihres Wahlbruders Hans, die beiden waren gemeinsam im Kriegseinsatz gewesen. Rupert Hartl, ein attraktiver Mann, der im Hause Prameshuber ein und aus ging und Tante Mali schon lange vor dem Krieg kannte, hatte mehrmals nach Kriegsende bei Tante Käthe um ihre Hand angehalten. Mali aber lehnte rigoros ab. Er sah in ihr die Verkörperung des Guten und machte keinen Hehl daraus, wie sehr er die um sechs Jahre ältere Cousine seines Freundes Hans verehrte. Dabei handelte es sich bei ihm um *„eine wirklich gute Partie"*, wie Tante Käthe vorsichtig ihre Nichte zu ermutigen suchte. Rupert Hartl war Jurist, politisch aktiv und wurde später Landeshauptmannstellvertreter von Oberösterreich. *„Ich will dir kein Hindernis sein und wünsche dir von ganzem Herzen, die Richtige fürs Leben zu finden"*, stellte sie klar. Ihr Hörschaden und ihr Glaube, sie sei aufgrund ihrer Kriegsverletzungen unfruchtbar, drängten sie in eine fast krankhafte Ablehnung.

Rupert Hartl während des Krieges. Er war ein Schulfreund von Hans Prameshuber

Ruperts spätere Frau Anna wurde eine gute Freundin meiner Tante und die drei blieben einander ein Leben lang freundschaftlich verbunden, unternahmen Wanderungen, verbrachten Urlaube gemeinsam und luden sich gegenseitig ein.

Sie war bei der Familie Hartl ein gern gesehener Gast in deren Haus am Traunsee. Das Schicksal schien Tante Malis Ablehnung einen Streich gespielt zu haben, denn auch das Ehepaar Hartl blieb kinderlos.

Die Liebesdeserteurin

Tante Mali besaß eine erstaunliche Willensstärke in ihren Entscheidungen und sie lehnte kategorisch ab, eine *„gute Gemahlin"* spielen zu sollen und sich unterzuordnen, so wie es in den *„Handbüchern für gute Ehefrauen"* Anfang der 1950er-Jahre beschrieben war. Der Untertitel des Gesamtwerkes hieß *„Opfere dich auf"*. Solche Empfehlungen erbosten sie dermaßen, dass sie sofort Entgegnungen spuckte. *„Meinen Beruf aufzugeben, nur um verheiratet zu sein, dieses Zugeständnis hätte ich niemals in Erwägung gezogen."* Sie erachtete einen solchen Schritt als Bedrohung ihrer Unabhängigkeit: *„Das macht mich ganz krawutisch"* – diesen lautmalerischen Ausdruck hörte ich zum ersten Mal von ihr.

Mali Anfang der 1940er-Jahre

Tante Mali interessierte sich natürlich für Männer, keine Frage, sie war immer wieder einmal verliebt, aber niemals so heftig, um alles aufzugeben und sich anzupassen. *„Von einer unverheirateten Frau nahm man an, dass sie kein Glück in der Liebe hatte. Ich war einfach eine Frau ohne ständige männliche Begleitung. Die brauchte ich auch gar nicht."* Ihr Leben lang hielt meine Tante an ihrer Eigenständigkeit fest, willensstark vertrat sie die Ansicht, sie brauche niemanden. *„Sonderbar überdimensional"* nannte mein Vater einst ihre Entschlossenheit, unablässig zu ihren selbst gefällten Entscheidungen zu stehen, koste es, was es wolle. *„Sie wollte sich von uns einfach nicht helfen lassen"*, fügte er hinzu.

Von all den schicksalhaften Begegnungen hat wohl nur ein Mann meine Tante wirklich in seinen Bann gezogen und sie aus der Reserve gelockt: Bengt von Barloewen. Die beiden lernten einander im Sommer 1942 bei einem Spaziergang in der Umgebung von Linz kennen. Meine Tante war mit einer befreundeten Hebamme, „Schwester Anni", an einem Sonntag unterwegs auf der Giselawarte in Urfahr. Schon seit Kindertagen zählte dieser Aussichtspunkt zu Tante Malis Lieblingsorten. Bei der Gedenktafel für Adalbert Stifter hielt sie oft inne und dachte an seinen in Ungarn spielenden Liebesroman

„Brigitta", den sie im Hause Prameshuber verschlungen hatte. Dabei fiel ihr einmal ein großer Mann auf, mit dem sie über den Dichter ins Gespräch kam. Sogleich bemerkten sie Gemeinsamkeiten in ihrem Literaturgeschmack und ihrer beider Verbundenheit zur Natur. Viel gereist, mehrsprachig und hoch intellektuell erweckte der stattliche 1,93 Meter große Bengt von Barloewen die Aufmerksamkeit meiner Tante, hatte doch in ihrer eigenen Erziehung Bildung stets einen sehr hohen Stellenwert gehabt.

Dieser Mann, der sie mit seinem weltmännischen und gleichzeitig freundlichen Auftreten so zu fesseln wusste, war ein ganz besonderer Mensch. Er wurde 1918 in Schweden auf der Flucht seiner Eltern vor der Russischen Revolution geboren. Diese hatten all ihr Hab und Gut, ihre Verwandten und Bekannten im Baltikum zurücklassen müssen. Bengts Vater stammte aus Estland und war Staatsbeamter gewesen. Der lange Weg der drei verzweifelt Fliehenden führte über Umwege und Zwischenaufenthalte bis nach Deutschland, wo sie sich schließlich in Baden-Württemberg niederließen. 1942 kam der junge Bengt für kurze Zeit beruflich nach Linz.

Er war gerade 24, Tante Mali 27 Jahre alt, als sie einander das erste Mal vor der Giselawarte trafen. Als einen *„Mann von Welt"* und *„unglaublich charismatisch"* schilderte sie ihn. Wegen des Größenunterschiedes von 35 Zentimetern erfand Bengt einen originellen Spitznamen für sie und nannte sie spitzbübisch *„Bergerchen"*. Erstaunlicherweise blieben sie in ihrer jahrzehntelangen Freundschaft stets beim formellen Sie-Wort. War dies ein Zeichen von Respekt, Höflichkeit oder aber tugendhafter Distanz?

In den Unterhaltungen mit ihm schwelgte sie in bisher ungekannten intellektuell-anspruchsvollen Gefilden, ganz anders als mit ihren sonstigen Verehrern. Alles fühlte sich plötzlich leicht und prickelnd an und das Zusammensein mit ihm ließ die verheerende Kriegszeit kurzfristig in den Hintergrund treten. Bengt vermochte meine Tante mit poetischer Sprache, humorvollen Anekdoten und gesunder Bodenständigkeit zu begeistern. Bei ihren Treffen diskutierten sie über Politik, Geschichte, Kunst und Architektur. *„Alles Wesentliche des 20. Jahrhunderts, die ganze geistige Welt, entstammt dem Jugendstil"*, zitierte sie ihn. In seinen Briefen kamen Krieg, Elend und Not nie zur Sprache, leicht flossen ihm hingegen schöngeistige Themen, gespickt mit Witz und Lebensphilosophie, aus der Feder. Dies ist umso bemerkenswerter, als Bengt als dezidierter Nazigegner ständig in Angst leben musste, denunziert zu werden.

Die Liebesdeserteurin

Er bezeichnete sich selbst als *„Ketzer"* und sah in Adolf Hitler einen Teufel und einen Wahnsinnigen, der die Welt zugrunde richten würde. So schrieb er im Mai 1943:

„St. Pölten, am 9.9.43. Liebes Bergerchen! Schön war die Zeit in Linz – schön waren die Besuche bei Ihnen. Wieso – ich könnte es nicht sagen –, aber sie waren schön und sind nun eine selige Erinnerung. Vielmals danken muß ich für all das, was Sie mir bewusst oder unbewusst geben. Es ist doch so im Leben, jeder gibt und nimmt doch ständig, und wenn zwei einige Zeit zusammen waren, dann hat jeder an jedem stets angenommen. – Und so auch ich an Ihnen. Ich hoffe, daß meine Ansichten – wenigstens nicht alle – nicht zu ketzerisch waren, um von Ihnen akzeptiert zu werden. Vielleicht werden Sie aber die eine oder andere Bemerkung später noch besser verstehen. Wir wissen noch nicht, wohin alles führen wird. Irgendwie wird es schon werden. St. Pölten ist überdies ein reizendes Örtchen, die Menschen recht freundlich. So, nun will ich schließen. Vielmals grüße ich und wünsche Alles Gute. Herzlichst, Ihr Bengt. Es würde mich freuen, bald etwas von Ihnen zu hören."

Mali antwortete darauf prompt:

„Linz, 13.9.43. Lieber Herr v. Barloewen! Für Ihre Zeilen vom 9.9. danke ich Ihnen herzlich. Ich freue mich wirklich, wenn ich ein klein wenig dazu beitragen konnte, Ihnen Linz in schöner Erinnerung zu halten. Hoffentlich werden Sie bald wieder irgendwo, nicht allzu fern der Heimat, an einen wenigstens halbwegs leidlichen Flecken angesiedelt. Schade, daß Sie nun so rasch von Linz fort mussten ..."

Tante Malis Brief an ihn vom 17. September 1943 ist spürbar traurig und trotz der geistigen Nähe Distanz suchend, da Bengt aus unbekannten Gründen überstürzt hatte abreisen müssen:

„Trotzdem ich Sie nur kurze Zeit kannte, ist's mir doch manchmal, als hätte ich mit Ihnen einen alten Bekannten verloren. Erst als ich zu schreiben anfangen wollte, kam mir zum Bewusstsein, daß meine Empfindungen doch nicht so recht stimmten, denn ich musste erst eine Weile überlegen, wie ich Sie denn ansprechen sollte, was ja sicherlich kein Zeichen besonderer Vertrautheit ist. Über meine Einstellung zu Ihren Ansichten brauchen Sie sich wirklich keine Sorgen zu machen. Sie waren keineswegs so ‚ketzerisch', daß ich Sie nicht verstehen konnte. Ich habe Sie im Gegenteil sogar meist sehr bewundert. Vor allem erschienen Sie mir mit Ihrer Lebensbejahung und Ihrer Art und Leichtigkeit, mit der Sie den Alltag, der doch gerade jetzt manchmal

Schwarze Gedanken

BENGT VON BARLOEWEN
GARTENARCHITEKT

SCHWENNINGEN/NECKAR · AUGUST-BEBEL-STR. 35 · TEL. 1336   20 - 10 - 58

Liebes gutes Frl. Berger;

" A Schand is - a rechte schand is" -
So lange liegt Ihr lieber Brief bei mir, dass er sich bereits verkrümelt hat - und ich, ich habe noch nicht geschrieben. Wo der Brief mich doch so sehr gefreut hatte.
Immer dachte ich daran es zu tun , doch immer dachte ich auch vielleicht kaeme ich selber und würde dann in lebendigem Sehen und in Worten eben Gegenwart geniessen.
Doch nun, da ich übersehen kann, dass es wohl laenger dauern wird bis ich wieder mal nach Linz komme da will ich doch wenigstens schreiben.
Übrigens war mein lezter Besuch in Linz in gewisser Weise eine Enttäuschung. Sie hatte ich nicht angetroffen. Dr. Bertsch ebenfalls nicht. Die Enttäuschung lag im Besonderen aber darin, dass ich bei den Menschen die ich antraf einen ganz neuen Zug entdeckte. Sozusagen einen deutschen Wirtschaftswunderlandzug. Wenn auch nicht so ganz ausgeprägt wie in Deutschland selber, so war er doch in den Menschen und in ihrer Art unmissverstaendlicher Weise zu sehen oder zu spüren. Das so schön österreichische mit seiner Ruhe und mit seiner Zeit haben und das nicht allzu stark streben, dazu das Gemütliche war gewichen und hat einer Hetz Platz gemacht - die wenn zum Teil auch nur innerlich, so doch den Menschen die Ruhe, den Seelenfrieden raubt. Dazu ein Streben und eine Eile und das Beschaeftigt sein, rennen müssen. Nein wirklich es war eine Enttäuschung - und alles "Nachlauschen" nach dem Alten, war wenigstens in Linz ergebnislos. Eine neue Zeit - doch scheint es mir innerlich keineswegs eine glücklichere zu sein, auch dann nicht, wenn man nun bereits den einen oder anderen mit Autos fahren sieht.
Überdies macht von diesem Unterach, das Haus Kaplan eine Aussnahme. Und sonst einige persönliche Freunde. Schon aber nicht das gesamte Salzkammergut. Wo man früher bekannt gut essen konnte, selbst in der kleinsten Beizel, da bekommt man nun Massenfrass vorgesetzt, und das recht oft wiederum eilig und lieblos. Im Salzkammergut gibt es ausser saumaessig schlechten Strassen z.B. kaum in den Gaststaetten ein Menü, nur a'la Karte, und da die Portionen so klein, dass wenigstens ich hungrig bleibe.
Doch verzeihen Sie mir mein Geschimpfe, musste halt ein bisschen raus. Das ich Sie nicht sah, hat mir wirklich leid getan. Es wird schon wieder mal sein. Doch im Moment zieht es mich wieder nach "drüben". Falls in Argentinien nicht eine neue Revolution kommt - es schaut drüben recht kritisch aus - werde ich vermutlich Ende Maerz oder Anfang April fahren. Diesmal ohne Frau , die ja das Klima drüben nicht vertraegt und für nicht allzu lange. Mein Fall ist halt ein bisschen hoffnungslos - ich bin halt eine Zigeunernatur und mir faellt es recht schwer "Bürger zu werden. Genau genommen ist es mir bisher nicht gelungen. Bin halt ein "ürgerlicher" Fehlschlag. Ansonsten viel zu tun, wenn auch nicht überaus lukrativ da ich in meiner jetzigen Taetigkeit - Planung von Gaerten und Anlagen - zu viel Zeit für die einzelnen Dinge aufwende. Dazu leide ich an Komplexen , mir kommt hier alles so teuer vor, so traue ich mich immer nicht schöne grosse dicke und fette Rechnungen zu stellen - was ich eigentlich tun sollte - denn sonst fehlt es mir.
Und Ihnen, wie geht es Ihnen ? Ich hoffe gut. Und ich hoffe sehr, dass Sie gesund sind und sich recht des Lebens freuen. Das Leben ist ja recht schön, wenn man es sich nur etwas zurecht macht, dazu noch hie und da eine Falte ausbügelt. Sehr freue ich mich bald wieder was zu hören.
Herzlichst und warm an Sie denke ich grüsse ich sehr,

POSTSCHECKKONTO STUTTGART 109354 · DEUTSCHE BANK AG. FILIALE SCHWENNINGEN KONTO 41746

Ihr Bengt

Ein Beispiel für den jahrelangen und intensiven Briefverkehr zwischen Mali und Bengt von Barloewen. Er schrieb häufig mit der Schreibmaschine.

sehr schwer ist und zweifellos auch Ihnen vieles vorenthält, so etwas wie ein Lebenskünstler. Ja, hier müßte selbst ich noch manches lernen. Im Übrigen war ich Sonntag wieder auf der Giselawarte. Zum ersten Mal wieder, seit ich Sie dort oben kennenlernte. Gerne hätte ich Ihnen eine Karte geschrieben, habe aber leider keine erhalten. Wieder mit Schwester Anni, sie lässt Sie auch grüßen. Es tut mir leid, daß die damals gemachten Fotos nichts geworden sind."

Bengt von Barloewen sollte auch nach dem Krieg weiterhin einen wesentlichen Platz in Tante Malis Leben einnehmen. Er geriet für die darauffolgenden Jahre in britische Kriegsgefangenschaft in Ägypten, aus der er erst im Mai 1948 zurückkehren sollte. Währenddessen stürzte sich Mali in ihre Arbeit und opferte sich regelrecht für ihre geschändeten und gestrandeten Schützlinge auf, wie wenn sie es für ihn getan hätte. Bengt selbst berichtete wenig über diese Zeit, ein schauriges Detail allerdings sollte er seinem Sohn später erzählen. Auf der Arbeitskleidung im ägyptischen Gefangenenlager waren den Häftlingen Zielscheiben aufgenäht. Ein abschreckendes Symbol, das sie daran hindern sollte, an Flucht zu denken …

„DIE LIEBESDESERTEURIN"
Einzigartige Freundschaft oder Liebe?

Am 8. Mai 1945 endete der Zweite Weltkrieg, in rund sechs Jahren waren mehr als 60 Millionen Menschen umgekommen. Zwei Wochen später, als die Waffen endlich schwiegen, feierte Mali ihren 30. Geburtstag. Trotz der Entbehrungen im Krieg und ihrer Ohrverletzung war ihr Haar nachtschwarz, voll und lockig geblieben. Die Natur hatte ihr saphirblaue Augen geschenkt, die man schon von Weitem bemerkte, zudem waren sie von langen Wimpern umrahmt, die beinahe künstlich wirkten. Wir Nichten bewunderten Tante Mali stets für dieses Geschenk des Himmels, niemals benötigte sie Mascara. Bogenförmige Augenbrauen ergänzten ihr südländisches Aussehen. Neidlos erkannten alle in der Familie Prameshuber an: *„Von uns allen ist sie eindeutig die Feschste."* Eine reizvolle Schwermut lag in ihrem makellosen Antlitz und drückte eine Tiefgründigkeit aus, die alle um sie herum fesselte. Es gibt unzählige Schwarz-Weiß-Aufnahmen von Tante Mali, die ihre wirklich ungewöhnliche Schönheit belegen.

Malis Hörvermögen indes war auf dem einen Ohr sehr eingeschränkt und die seit dem Trommelfellriss bestehenden Gleichgewichtsstörungen traten weiterhin regelmäßig auf, besonders bei Müdigkeit und in aufwühlenden Situationen. Auf ihren ersten Spaziergängen der Nachkriegszeit musste sie hin und wieder vor lauter Unsicherheit stehen bleiben, sich an eine Hauswand lehnen und warten, bis der Schwindel wieder aufhörte. Manch böse Seele, die nichts von ihrem Leid ahnte, flüsterte dann im Vorübergehen hörbar: *„Die ist ja schon wieder rauschig."* Das verletzte Mali, die ihrerseits so verständnisvoll mit den Problemen anderer umging, natürlich zutiefst und gekränkt erwähnte sie diese Episoden immer wieder.

Ich glaube, sie war sich ihrer starken Wirkung auf andere gar nicht wirklich bewusst. Sie kleidete sich figurbetont, mit einem Hauch von Extravaganz. Bei der Durchsicht ihrer Bilder und in meiner Erinnerung sind es vor allem die weißen Blusen mit Kragen, die hervorstechen. Tante Malis frühe Tätigkeiten in der Schwesterntracht haben augenscheinlich einen modischen Grundstein gelegt und waren ausschlaggebend für ihre lebenslange Begeisterung angesichts dieser Ausstattung. Je nach Mode waren die Kragen klein oder betont, fast blattartig, teils gab es zusätzlich Schleifen, bisweilen mit verdeckter Knopfleiste, abgenähten Falten und Schulterpolstern, weit geschnittene Doppelmanschetten oder extrabreite Spitzkragen. Oft wiesen die Blusen Stickereien am Kragen oder kleine Perlen an der Knopfleiste auf. Die *„gute Bluse"*, wie sich meine Tante gern zurückerinnerte, war früher stets Teil der Ausgehkleidung, die eine Frau wenigstens sonntags zum Kirchgang trug. Sie war ein Kleidungsstück, welches zugleich unschuldig und sinnlich wirkte, zudem bot es sich für wandelbare Kombinationen an und passte zu Rock und Hose. Ein schicker Gürtel unterstrich Tante Malis gute Figur. Sie wirkte immer elegant und versprühte dazu eine gehörige Portion weiblichen Charme.

Nicht nur äußerlich zog sie die Blicke auf sich, so gewann sie als Gesprächspartnerin sogleich die Aufmerksamkeit aller, sie war belesen und von Jugend an musikalisch erzogen. Sie sprach fließend Ungarisch und Italienisch und ihre beiden Wahlbrüder, vor allem mein Vater, hatten ihr das Tanzen auf hohem Niveau beigebracht. Überhaupt war sie ausgesprochen bewegungsbegabt. Ihre hohen moralischen Ansprüche wirkten für eine junge Frau ihres Alters vielleicht manchmal altmodisch, sie wusste aber genau, was sie nicht wollte. Aus heutiger Sicht war meine Tante ihrer Zeit weit voraus, da sie sich niemandem und nichts unterordnen wollte und lieber für sich allein aufkam.

Im Gegensatz zu vielen ihrer Kolleginnen entflammte Mali allerdings selten für die wegen des Krieges rar gewordenen Männer: *„Heiratswütig war ich nie. Ich hatte ununterbrochen was zu tun, ich war so sehr mit meiner Arbeit beschäftigt. Und den Frauen, um die ich mich kümmerte und die wirkliche Probleme hatten, denen hat der Ehering nur Gewalt und Erniedrigung gebracht."* Mit einigen ihrer einstigen Spitalsgenossen blieb sie, wie schon erwähnt, noch länger verbunden. Der folgende Brief zeigt recht anschaulich, wie es den ehemaligen Patienten der Gehörklinik erging:

„Liebes Frl. Berger! ‚Liebling, mein Herz läßt Dich grüßen' ... na ja, nun wissen Sie ja schon, wer Ihnen hier schreibt – ja, der Kapfenberger, der Sie in der Klinik in

Wien unablässig angesungen hat! Wie geht es Ihnen? Ihr Öhrchen schon ganz gesund? Hören Sie was? Ich habe ‚die Krot' umsonst gefressen! Höre auf dem operierten Ohr überhaupt nichts mehr! Noch dazu rinnt das Ohr immer noch stark! Muß alle paar Wochen nach Wien. War 9 Wochen im Spital, litt unsägliche Schmerzen, war, was ich später erfuhr, nach der OP in Lebensgefahr (die Pfeilgift-Injektion war irgendwie schuld daran, die OP ging vollends daneben, obwohl mir der Assistent 100% Erfolg versprochen hatte), insgesamt erhielt ich 155 Injektionen, alles zusammen kostete meine Krankenkasse 4.000 Schilling bei jeder Nachbehandlung, und alles war für die Katz! Das ist wohl sehr bitter. Nun werden Sie, wie ich, bereits wieder fest im Berufsleben stehen und die Zeit in der Klinik vergessen. Ich denke sehr gerne und oft an Sie, besonders wenn ich hinausfahre. Ich, also meine Frau und ich, laden Sie herzlich ein, einmal nach Kapfenberg zu kommen. Wieso meine Frau damit einverstanden ist, wollen Sie wissen? Ganz einfach deshalb, weil Sie ihr ebenso sympathisch sind. Dass mir meine Frau damit eine große Freude macht, weiß sie natürlich auch!"

Die Antwort meiner Tante Mali lautet wie folgt: „*Meine Nachbarin, Frau Ingenieur Deri, hört jetzt wieder recht gut, ich weiß nicht, ob Sie die Dame noch kannten, sie wurde kurz vor Ihrer Entlassung operiert und ist hier der einzige Mensch, mit dem ich mich in Bezug auf meine Ohren wirklich aussprechen kann, alle anderen wissen eines nur, daß es mir ohnehin gut geht, dabei aber bin ich in Wirklichkeit doch auch noch oftmals recht kleinlaut und verzagt.*"

Tatsächlich hatte Tante Mali kaum jemanden, mit dem sie über ihr taubes Ohr und ihre Probleme damit sprechen konnte. Die Behinderung war weder ersichtlich noch erschien es ihr als wirklich großes Hindernis angesichts all der amputierten oder an den Rollstuhl gefesselten Kriegsopfer. Daher zählte der briefliche Kontakt mit ehemaligen Spitalsgenossen als willkommene Abwechslung.

„*Liebes Frl. Berger! ‚Liebling'! Ich habe Sie ‚Halbtaube' nicht vergessen – im Gegenteil, ich denke gern und oft an Sie, und dann sehe ich Ihre lieben gütigen Augen vor mir, erinnere mich an Ihr liebes Wesen – ja, ich gestehe, dann möchte ich Ihre Hände küssen und Ihre Augen. Nicht wahr, im Frühling, im Mai, da kommen Sie auf einige Tage zu uns – bitte, ja?! Ihr Rieser.*"

An die vierzig Briefe von verschiedenen Patienten, die sie im Laufe der Kriegszeit kennengelernt hatte, fanden wir in ihrem Nachlass. Alle hatten sie vergöttert und „mehr" gewollt, doch die junge Krankenschwester war anscheinend in keinen Verehrer richtig verliebt gewesen. Bei Kriegsende war meine Tante Mali gerade dreißig Jahre alt und beruflich etabliert. Hätte sie das einfach so aufgeben sollen? Die Kriegsrückkehrer waren allesamt traumatisiert, psychisch krank und innerlich gelähmt.

Bengt von Barloewen, Ende der 1950er-Jahre

Nur Bengt von Barloewen blieb in ihrem Herzen. Er meldete sich sofort nach seiner Rückkehr aus der Kriegsgefangenschaft und besuchte Linz 1948. Aus dem Arbeitslager kehrte er abgemagert und mit einer von einer Kugel durchschossenen Schulter zurück. Diese furchtbare Erfahrung, die er nur wenigen anvertraute, hatte vieles in ihm zerrüttet, alles, was ihm lieb und teuer gewesen war, lag in Schutt und Asche. Diese Zeit in Ägypten beschrieb er Mali wie folgt: „*Die Gefangenschaft ließ mich das Gefühl für Besitz verlieren – und ich habe es niemals wiedergefunden.*" Sein Leben lang sollte er die Gewohnheit beibehalten, auf Reisen im Auto zu nächtigen, anstatt in einem Hotel. „*Ich will nicht eingeengt sein – ich muss gestehen, von allen Narren, denen ich begegnet bin, bin ich wohl der größte. Ich bin wie ein Wanderer, der kommt und geht. Es ist nicht so, dass ich nicht verlässlich wäre, nur irgendwie bin ich unruhig, ja fast getrieben.*" Die Nachwirkungen des Krieges, der ständigen Angst und der Gefangenschaft saßen tief in seinen Knochen. Und Mali konnte sich, wie kaum jemand, in ihn hineindenken. Auch sie war eine von Unruhe getriebene Wanderin.

Bengt von Barloewens Lebensgeschichte liest sich hochdramatisch. In den Wirren des Zweiten Weltkrieges war ihm sein Pass auf einer Zugfahrt von Berlin nach München gestohlen worden. Kurz danach bediente sich ein Schwindler seiner Identität, um als Opfer der Nationalsozialisten einen anerkannten Flüchtlingsstatus zu erlangen. Er gab 1948 dem „Intergovernmental Committee for Refugees" in Genf halb wahre und halb erfundene Details aus Bengts Leben an, um sich in der Schweiz eine Aufenthaltsbewilligung in seinem Namen zu erschleichen. Der Antrag des Gauners wurde schließlich verifiziert, doch erst nach mehreren Monaten der Nachforschungen, Ende 1949, kam ihm das Flüchtlingskomitee auf die Spur. Der „Doppelgänger" hatte schamlos versucht, aus Bengts Schicksal einen Nutzen zu ziehen. Den Namen von Barloewen führte er übrigens ungesühnt auch nach dem Krieg weiter ...

Bengt erwähnte in mehreren Briefen fast belustigt, dass die Post von Mali von den Besatzungsmächten zensuriert worden sei, er gab dabei humorvoll stets die letzte Zensurierungsnummer an. Briefzensur für Auslandspost gab es in Österreich bis 1955, um sicherzustellen, dass kein Geld oder „unrechtmäßige" Papiere geschmuggelt wurden.

Meine Tante verstand Bengt, seine emotionalen Kriegsaltlasten und seine Unruhe sehr gut. Sie erscheint vor diesem Hintergrund wie ein Kriegsdeserteur, dem „Feigheit vor dem Feind" angelastet wird, allerdings floh sie ihr Leben lang vor der Liebe. Er hingegen bewunderte ihren Mut und ihren Einsatz für Mädchen und Frauen, die von der Gesellschaft fallen gelassen worden waren. Sie agierten beide auf ihre Art kämpferisch und ließen sich nie mundtot machen.

Bengt von Barloewen hatte nach seiner Rückkehr aus der Kriegsgefangenschaft in Ägypten unüberlegt und überstürzt in Linz geheiratet. Die Abgeschirmtheit vor jeglicher Menschlichkeit im Lager und die Einsamkeit hatten wohl zu dieser Kurzschlusshandlung geführt. Er kannte in Malis Kolleginnenkreis eine Frau, über die er sich gelegentlich mit ihr unterhalten hatte. Sie erwiderte sofort Bengts charmante, aber vorerst nicht ernst gemeinte Avancen und *„er konnte da dann nicht mehr raus"*. Er gestand Mali mehrmals, „Beba" (so ihr Name) täte ihm leid, sie sei so alleine und würde ihn deshalb so gut verstehen. Malis Stolz verbat ihr, sich einzumischen und so distanzierte sie sich, sobald sie spürte, dass sich eine Liebesgeschichte anbahnte. Jedoch wollte seine frisch Angetraute nicht mit ihm, wie geplant, nach Südamerika auswandern. Dort hatten sich bereits Freunde von Bengts Eltern niedergelassen und von der Schönheit des Landes sowie von vielversprechenden Arbeitsmöglichkeiten geschwärmt. Bengt verfasste noch rasch vor seiner Abreise, die er schlussendlich allein antrat, einen Brief an meine Tante, in dem er niedergeschlagen klang. Doch darauf antwortete sie erst drei Jahre später:

„Gallspach, 2.10.52. Lieber Herr v. Barloewen! Sicher sind Sie überrascht, daß Sie nach so langer Zeit von mir persönlich noch ein Lebenszeichen bekommen. Ich nehme ja an, daß Sie durch Lotte (eine gemeinsame Bekannte) in Umrissen zumindest erfahren, wie es uns Zurückgebliebenen in der alten Heimat ergeht, auch ich nehme

regen Anteil an all dem, was Sie drüben in dem für mich so unsagbar – fast märchenhaft – fernen Lande machen. Ich wünsche Ihnen ja so vom ganzen Herzen, daß Sie endlich einmal eine Heimat, Glück und Zufriedenheit finden. Vielleicht bin ich im Irrtum, aber ich glaube doch, daß man letzten Endes irgendwohin gehören muß. Dies alles, trotzdem ich die Sehnsucht nach der Ferne gut verstehen kann. Verzeihen Sie mir bitte, daß ich seinerzeit auf Ihren Brief nicht zurückschrieb. Es bedrückte mich die ganze Zeit, aber ich konnte nicht. Ich habe Sie beide, Ihre Frau genauso wie Sie, sehr gerne und fand keine bessere Lösung. Jedes Wort, das ich sagen konnte damals, schien mir so oder so gefährlich, denn wer weiß denn letzten Endes wirklich, was in unserem Nächsten vorgeht. Manchmal kann man sogar für sich selbst nicht immer garantieren und dann – ich glaube, daß es Dinge gibt im Leben, die wirklich nur zwischen 2 Personen ausgetragen werden können, und wenn dies auch noch so schwer ist, soll sich besser kein Dritter daran beteiligen, man kann es besser alleine. Inzwischen ist vielleicht manches anders oder klarer geworden. Wie mögen Sie wohl jetzt zurückblicken an unsere Heimat. Sie hatten ja hier weiß Gott keine allzu rosigen Zeiten, aber ich wünsche dennoch sehr, daß sie Ihnen in lieber Erinnerung bleibt und Amerika das gibt, was Sie sich von ihm erwarteten, früher oder später. Eigentlich tut es mir ja unsagbar leid, daß Sie ausgewandert sind, das ist nur rein persönlich, ich bin ein wenig ein sonderbarer Mensch und finde nicht wirklich Kontakt mit meiner Umwelt, wenn dies nicht gerade im Sozialamt ist, die wenigen Menschen aber, die mir wertvoll sind, halten sich nicht in Linz auf. Ihre Mali"

Was für ein würdevoller Brief an den Einzigen, den Tante Mali verehrt und – so spüre ich – geliebt hat, und der nun in Buenos Aires ein neues Leben begonnen hatte! Wieso hatte sie so lange geschwiegen? Was war in ihrem Herzen passiert, als Bengt nach Argentinien auswanderte? „*Jedes Wort erschien mir gefährlich*", schrieb sie, hatte sie wiederum Angst gehabt, sich festzulegen? Sie hatte nachgedacht und für sich befunden, dass es das Beste war, sich aus allem herauszuhalten. Eine Verbundenheit erachtete sie als bedeutend wertvoller als eine gescheiterte Liebesbeziehung.

Bei all seinen Europa-Aufenthalten besuchte Bengt von Barloewen Mali, so auch im Jänner 1952. Ein Brief folgte sogleich danach:

„Mein liebes Bergerchen! Einen kleinen Gruß von mir, der Ihnen alles Gute wünschen soll – und Ihnen schönen Dank sagen soll für die schönen Stunden, die ich wieder bei Ihnen verbringen durfte. Es ist jedes Mal so nett und heimelig bei Ihnen. Und Sie selbst erscheinen mir um vieles weiser und lebendiger geworden zu sein. Also alles Gute und lieben Gruß."

Die Liebesdeserteurin

Sie trafen sich jedes Jahr. Der Briefkontakt riss niemals ab, es verband sie eine tiefe Freundschaft, ja eine Seelenverwandtschaft mit einem persönlich-lebendigen Gedankenaustausch. In einem ehrlichen Brief urteilte er etwa 1958 über sich: *„Ich bin halt eine Zigeunernatur und es fällt mir schwer, ein ‚guter Bürger' zu werden, ich bin eher ein ‚bürgerlicher Fehlschlag'."* Tante Mali verstand ihn gut, auch in ihr pochte das Herz einer unruhigen Reisenden. So philosophierten sie über das Leben, dem in der Kriegs- und Nachkriegszeit eine ganz andere Bedeutung zuteilgeworden war, ja, das zu einem Geschenk geworden war.

Bengt mutmaßte in einem Brief: *„Das Leben ist ja recht schön, wenn man es sich selbst zurechtmacht und hie und da eine Falte ausbügelt."* Bei seinen Besuchen in Linz kam er stets zu Mali und schätzte ihr Zuhause, das winzig war, aber er meinte darüber: *„Sie haben ein eigenes Talent, Gemütlichkeit und Wärme zu erzeugen."* Bengt von Barloewen wusste sehr genau, wovon er sprach, wenn er Goethe zitierte: *„Für alles, was uns im Leben genommen wird, erhalten wir irgendetwas anderes. Und in besonders glücklichen Fällen vertiefen wir uns. Nur aufsetzen gegen die Natur darf man sich nicht, sonst stört man die Ruhe und damit deren Kraft."*

In Argentinien begann Bengt von Barloewen sich in einer neuen Sprache und Kultur zurechtzufinden. Als ausgebildeter Landschaftsarchitekt faszinierten ihn die friedliche Schönheit des Landes, die angenehmen Temperaturen und die üppige Vegetation. Er erwarb ein umfangreiches Wissen über Leute und Sitten und durchstreifte das ganze Land. Dabei lernte er, nachdem er sich von Beba scheiden hatte lassen, seine spätere, ebenfalls aus Deutschland ausgewanderte Frau Gisela kennen. Sie war nach den Kriegswirren ganz alleine nach Argentinien gekommen und als Fotografin ebenfalls von dem exotischen Land fasziniert. Hier hatten sich die Richtigen gefunden und sie sollten für den Rest ihres Lebens verbunden bleiben. 1952 wurde ihr einziges Kind, Sohn Constantin, geboren.

Bengt und Mali blieben weiterhin in Kontakt. Er berichtete regelmäßig von seiner Familie, schickte Fotos des kleinen Constantin, schilderte das Häuschen und ihr Alltagsleben in bunten Farben und in einem liebevollen Plauderton. Genau das war vermutlich beider Talent – ihrer Freude über alles Gute Ausdruck zu verleihen.

Mehrmals bat Bengt sie in Briefen um Hilfe, etwa ein Paket an alte Bekannte zu senden. Umgekehrt unterstützte er sie bei einer Anfrage ihrerseits, als es um zwei verwaiste Buben aus Linz ging, die von einem alleinstehenden Mann in Argentinien adoptiert worden waren. Dies fiel direkt in ihren Zuständigkeitsbereich als Fürsorgerin und sie hegte Zweifel angesichts des „Junggesellen", der die zwei aufgenommen und dann nichts mehr von sich oder den Knaben hatte hören lassen. So bat sie Bengt, bei den Kindern „nach dem Rechten zu sehen", doch leider gibt es keinen Brief mehr, der vom Schicksal der zwei Buben berichtet.

Kuverts des Briefwechsels zwischen Mali und Bengt, von und nach Argentinien

In Argentinien arbeitete sich Bengt von Barloewen nach anfänglichen Gelegenheitsjobs zu einem international anerkannten Gartenarchitekten hoch. Dennoch bedeutete Europa Heimat für ihn und er kehrte regelmäßig hierher zurück. Allerdings war ihm die einstige Heimat fremd geworden. „*Es war eine Reise der Enttäuschung*", er habe an den Europäern, besonders an Deutschen und Österreichern, ganz neue Züge entdeckt. „*Das Gemütliche ist gewichen und hat der Hetzerei Platz gemacht*", meinte er etwa nach einem Aufenthalt 1953 im Salzkammergut. Alles einstmals Vertraute wiederzufinden, wie er es poetisch nannte, das „*Nachlauschen*" – zumindest in Linz – war für ihn ergebnislos. Eine Melancholie seiner Vorkriegserinnerungen begleitete ihn bei seiner ersten Rückkehr in ein neues, verändertes Land. Schließlich ließ er sich Mitte der 1950er-Jahre mit seiner Familie in Deutschland nieder und blieb dort bis zu seinem Tode wohnhaft.

Die Freundschaft zwischen Mali und Bengt war und blieb zweifelsohne außergewöhnlich. Mit Bengt von Barloewen hatte Mali in lebenslanger Freundschaft eine verwandte „*Wandererseele*" gefunden. Beide kannten seelische

Höhen und Tiefen, Flucht und Sehnen. Auch er blieb ein ewig Suchender, ein getriebener Freiheitsdenker, der die Ketten, die ihm vom Krieg auferlegt worden waren, gesprengt hatte. Bengt von Barloewen verstarb 1984 viel zu früh im Schwarzwald an den Folgen einer Lungenentzündung. Diese hatte er sich geholt, als er, der naturverbundene Humanist, in einer kalten Herbstnacht in seinem alten VW im Wald übernachtet hatte.

Hat Tante Mali je ihren Wahlbrüdern, auf die sie große Stücke hielt und die sie oftmals um Rat fragte, von Bengt erzählt? Oder blieb diese Liebesgeschichte, die über so viele Jahre währte, geheim und war damit in ihrem Herzen größer, da sie diese mit niemandem teilte? Meinen Schwestern und mir jedenfalls hat Tante Mali niemals etwas über diese Beziehung verraten. Kein einziges Wort.

In all diesen Beinahe-Beziehungen – mit Bengt von Barloewen und all ihren anderen Verehrern – überwogen bei meiner Tante Mali immer große Zweifel, ob die ihr geschenkte Aufmerksamkeit wirklich ihr als Person galt und sie fürchtete, dass sie den an sie gestellten Ansprüchen nicht gerecht werden würde. Ihre Flucht vor der Liebe zieht sich wie ein roter Faden durch ihr ganzes Leben. Von ihrer Teenagerzeit bis ins hohe Alter gab es Männer, die sie anbeteten, manche lagen ihr gar über Jahrzehnte zu Füßen, doch stets triumphierten ihre Zweifel und sie rannte vor der Liebe davon. Sie litt unter starken Bindungsängsten, gleichzeitig mit ihrer Angst vor emotionaler Verbundenheit und vor dem Verlassenwerden spürte sie aber stets einen großen Wunsch nach menschlicher Nähe.

Ich glaube, meine Tante Mali war davon überzeugt, Liebe und Unterstützung durch andere Menschen nicht verdient zu haben. Ihre berufliche Eigenständigkeit und damit finanzielle Unabhängigkeit drängten sie glücklicherweise zu keinerlei Zwangsbeziehung.

„KRATZBÜRSTIG"
Rebellische Nachkriegsjahre

Amalia Berger 1953

Nach den kraftraubenden Kriegsjahren setzte mit der Nachkriegszeit allmählich ein beruhigender Alltagstrott ein. Mali arbeitete weiterhin in der Volkspflege und erhielt eine feste Stelle als Fürsorgerin beim Jugendamt in Linz. Schrittweise normalisierte sich das Leben, die darniederliegende Infrastruktur wurde wieder aufgebaut und das bedeutete, dass es wieder Radiosendungen und unzensurierten Briefverkehr gab, dass das Landes- und Bezirksgericht Linz wieder eröffnet wurde, ebenso die Kinos. Unterschiedliche politische Parteien waren erneut erlaubt und die Pressefreiheit wurde wieder eingeführt.

Mit dem Einmarsch der amerikanischen Truppen hatte die zehn lange Jahre währende Besatzungszeit begonnen, die Donau bildete bis 1955 die „Demarkationslinie" zwischen dem amerikanisch besetzten Linz und dem sowjetisch besetzten Urfahr. Der Übertritt von einer Zone in die andere war nur Personen mit offiziell ausgestellten Dokumenten gestattet. Bis 1953 wurde an den Donaubrücken mittels einer überdimensionalen Pumpe jeder, der passieren wollte, entlaust, indem den Menschen das Insektizid DDT über den Rücken geblasen wurde. Wenn Mali, die in der „Amerikanerzone" wohnte und arbeitete, der Familie Prameshuber einen Besuch in Urfahr am Pöstlingberg abstatten wollte, musste sie sich diese „Rosskur" gefallen lassen.

Kratzbürstig

In einem Brief an eine Freundin schildert Mali die bedrückende Nachkriegssituation, wie sie viele Familien erlebten: *„Das einst mit vielen Mühen erbaute äußerst liebevoll ausgestattete Heim der Prameshuber wurde durch Bomben schwer beschädigt. Die beiden Söhne (Hans und Alex) wurden aus dem Studium heraus zur Wehrdienstleistung eingezogen, und lange Zeit schienen beide tot oder vermisst. In dieser Zeit hat sich der Kontakt mit meinen Verwandten sehr gefestigt, und wir lernten einander besser verstehen. Gott sei Dank liegt nun diese ewig sorgenvolle Zeit hinter uns, und meine beiden Vetter Hans und Alex sind wieder heil zu Hause. Der Älteste war bis Ende 47 in Gefangenschaft, ist aber gesund und praktiziert derzeit als junger Arzt in Linz. Der Jüngere aber studiert noch auf der Hochschule in Wien Jus, ist groß und voller Leben und Übermut."*

Viele zwischenmenschliche Reibungen brachen in der Besatzungszeit wegen freiwilligen und unfreiwilligen Kontakten zwischen GIs und österreichischen Frauen auf. Die lokale Bevölkerung war mit den Amerikanern und ihrer Kultur keineswegs vertraut, die Skepsis vor dem Fremden überwog. Ein Gemisch aus Neid, Eifersucht und Furcht vor dem Unbekannten lag in der Luft. Um finanziell überleben zu können, suchte so manche Frau die Nähe der US-Besatzer. Einige Linzer Lokale waren ausschließlich amerikanischen Soldaten und österreichischen Frauen vorbehalten. Häufig wurde mit dem Finger auf *„Ami-Bräute"* gezeigt und in schlimmen Fällen brandmarkten sogenannte *„Haarabschneiderkommandos"* die als *„Ami-Flittchen"* beschimpften Frauen, indem sie deren Kopfhaar auf wenige Zentimeter kürzten. Solche Aktionen richteten sich jedoch nie gegen Personen der amerikanischen Besatzungsmacht, sondern ausschließlich gegen als *„schamlos"* bezeichnete Linzer Mädchen, die mit Besatzungssoldaten Umgang hatten.

Genau um „Fälle" dieser Art kümmerte sich Mali im Fürsorgeamt, um minderjährige Schwangere und von zu Hause Verstoßene. Von tiefem Mitleid gepackt und erinnert an ihre Mutter versuchte sie die jungen Frauen zu schützen, indem sie ihnen Unterkünfte und Arbeit an Orten vermittelte, wo ihnen keine Gefahr drohte, wo man sie in Ruhe ließ und ihnen keine Vorhaltungen machte. Obwohl seit der Schwangerschaft ihrer Mutter mittlerweile 30 Jahre vergangen waren, gab es für ledige Mütter noch immer keinen Schutz und keine Unterstützung. Zu Tante Malis „Fällen" zählten auch Prostituierte. Nach dem Zweiten Weltkrieg stieg die Nachfrage nach *„leichten Mädchen"* stark an. Auf dem Umschlagplatz im Linzer Hafen ankerte sogar ein Schiff, das als Bordell betrieben wurde. Niemals kritisierte Mali die verzweifelten jungen Mädchen, die sich mit Prostitution über Wasser zu halten versuchten.

Sie meinte nur lapidar: *"Wenn uns kein Ausweg mehr bleibt, tun wir das Nächstliegende."* *"Ohne amerikanische Hilfe wären wir verhungert, aber zwischen ihnen und uns herrschte ein zwiespältiges Verhältnis"*, erinnerte sich meine Tante in so manchem Gespräch mit mir, *"verschiedene private und öffentliche Organisationen leisteten Hilfe. Am bekanntesten waren die Care-Pakete."* Diese wurden von amerikanischen Familien nach Österreich geschickt und damit wurden *"wir erstmals mit abgepackten Lebensmitteln bekannt gemacht: Dosenmilch, Löskaffee und Konserven"*. Manchmal gab es amüsante sprachliche Verständnisprobleme. So wurde anfangs der auf Englisch verfasste Beipackzettel der Care-Pakete mit dem Text *"This is a gift from a friend in America"* missinterpretiert, da man fürchtete, vergiftet statt beschenkt zu werden.

Mali war ständig im Einsatz, um Missverständnisse zu klären. Dazu kam in ihrer Tätigkeit als Beamtin beim Kinder- und Jugendamt bald die Problematik der Besatzungskinder. Viele alleinerziehende Mütter waren nach damaliger Gesetzeslage mit der Vorgabe konfrontiert, dass ihre unehelichen Kinder bis zur Volljährigkeit Mündel der Jugendämter blieben. *"Die Behörden haben die Ärmsten wirklich drangsaliert, die Babys zur Adoption freizugeben. Immer wieder sind sie gekommen und haben erklärt, das wäre doch viel gescheiter, besonders bei den ‚Bastarden' der Afro-Amerikaner. Das waren wirklich arme Hascherl damals"*, schrieb Mali.

Viele verängstigte junge Frauen versuchten, ihre Kleinkinder auf dem Land vor den neugierigen Augen ihrer Nachbarn zu verstecken. Die *"Dollarmacht"* der Amerikaner führte in der Bevölkerung zu Spannungen, Neid und Missgunst. Obwohl die exotischen Konsumgüter anfangs skeptisch beäugt wurden, nahm sie die Bevölkerung dann aber doch sehr rasch an. Nylonstrümpfe, Zigaretten, Medikamente und Coca-Cola überzeugten schnell. Auch neuer musikalischer Geschmack mit Jazzklängen sowie Bing-Crosby-Weihnachtslieder fanden Einzug in die österreichischen Haushalte. Anfang 1947 waren in der oberösterreichischen US-Zone 20.000 Soldaten stationiert, die letzten amerikanischen Besatzungssoldaten verabschiedeten sich erst im September 1955 und hinterließen tiefe Gräben in der Gesellschaft. Die ausweglose Situation der zahlreichen ungewollt schwanger gewordenen Mädchen und deren sozialer Abstieg bestärkten meine Tante Mali vermutlich täglich, dass sie ohne einen Mann besser dran wäre.

Anfang der 1950er-Jahre begab sich meine Tante im noch vom Krieg gezeichneten Linz auf Wohnungssuche. Nur wenige Gebäude waren nach dem Bombenhagel der letzten Kriegswochen bewohnbar und gerne wäre sie in ihrer gewohnten Umgebung geblieben, dort, wo die Familie Prameshuber lebte. Hans und Alexander, die beide mittlerweile geheiratet und eine Familie gegründet hatten, wohnten ebenfalls in Urfahr. Doch fand sie nichts ihren Wünschen und ihrem kleinen Portemonnaie Entsprechendes. Schließlich stieß sie auf eine kleine erschwingliche Einzimmerwohnung in den „Hitlerbauten" am Bindermichl.

Ihr Leben lang hing meine Tante Mali allerdings an Urfahr und war oft bei ihren beiden Wahlbrüdern zu Besuch. 1952 gaben sich dann Tod und Leben die Hand: Ihre Tante Käthe und ihr Onkel Johann Prameshuber verstarben beide 1952 innerhalb von nur einem Monat und meine älteste Schwester Eva wurde kurz nach Käthes Begräbnis geboren. Nach der inzwischen dreijährigen Nichte Sylvia, der Tochter ihres Wahlbruders Hans, die 1949 zur Welt gekommen war, freute sich Mali unbeschreiblich über ein weiteres Mädchen in der Familie.

Der Tod der beiden Pflegeeltern innerhalb von nur vier Wochen hinterließ ein erhebliches emotionales Vakuum und Mali begann, ihre Cousinen, die im Traunviertel, Innviertel und Salzkammergut lebten, aufzuspüren und organisierte jedes Jahr zumindest einmal ein gemeinsames Treffen in Linz. Es war, als wollte sie nun als älteste Verbliebene der Familie Prameshuber deren Schutzherrschaft übernehmen und zusammenhalten, was nach dem Krieg übrig geblieben war.

Mali liebte ihre Stadt. *„Die Donauluft schmeckt nach Moos, feuchtem Gestein, nach nassen Blättern, die auf dem abenteuerlichen Weg ins Schwarze Meer mitreisen"*, so beschrieb sie Linz poetisch, *„dahinter erahnen wir weitere Hügelketten, wie Wäscheleinen hinter blassen Gardinen, die im Sommerwind flattern."* Die oberösterreichische Landeshauptstadt war zu ihrem Zuhause geworden, Steyr dagegen, ihr Geburtsort, stellte mit seinem gleichnamigen Fluss immer noch eine allzu schlimme Erinnerung an den Suizid ihrer Mutter dar.

Und in den 1950er-Jahren sollte genau diese Gegend wieder in negative Schlagzeilen geraten. Als wir einmal gemeinsam mit ihrer Cousine alte Fotos betrachteten, sagte Tante Mali zu mir: *„An die ‚Morde mit dem Mauerfäustl' erinnere ich mich noch gut."* Auf mein Drängen hin begann sie, diesen in die Kriminalgeschichte eingegangenen Vorfall detailreich zu erzählen. Ihre Version klang wie ein Krimihörspiel, wie wir sie aus dem Radio kannten.

Einem in Steyr ganz nahe dem Prameshuber'schen Elternhaus geborenen Mann namens Engleder konnten damals zwei Morde und vier Mordversuche nachgewiesen werden. Auf einem Fahrrad fahrend hatte er sich stets den Frauen genähert und ihnen mit einem schweren Hammer auf den Kopf geschlagen, die schwerstverletzten Frauen anschließend in ein Waldstück gezerrt und dort vergewaltigt. Beim Überfall auf sein sechstes Opfer 1957 wurde er von einem Motorradfahrer überrascht und in der Folge schließlich überführt. Tante Malis Cousine erzählte dann noch weiter: *„Meine Mami sah den Mörder auf einer Autofahrt Richtung Adlwang winken, sie blieb allerdings nicht stehen, weil er ‚komisch' wirkte. Als die Morde dann aufgeklärt wurden, war das eine große Aufregung."* Nach seiner Inhaftierung gab der Mörder „Hass auf Frauen" als Motiv an.

Solche Persönlichkeitsstörungen kannte meine Tante Mali von ihrem Berufsleben her gut, sie traf auf sehr viele gewalttätige Männer, die aus Wut quälten und zuschlugen. Unsere Tante vermittelte uns Kindern diese Geschichte als Warnung, um uns Vorsicht einzurichten, sollte uns ein Unbekannter ansprechen. *„Und geht niemals allein in den Wald!"* Tatsächlich dachten wir immer an den Vorfall, wenn wir ohne Aufsicht in der Natur spielten. Die „Engleder-Geschichte" bewegte Tante Mali vermutlich auch deswegen so sehr, da sie die unbeschreibliche Angst vor den aggressiven bewaffneten Soldaten, die sie einst in Livorno aufgesucht hatten, niemals vergessen konnte.

Meine Tante Mali übersiedelte später noch einmal innerhalb des gleichen Viertels und mietete eine nur geringfügig größere, aber hellere und freundlichere Einzimmerwohnung, die sie mit wenigen Mitteln geschmackvoll einrichtete. In dieser sollte sie bis zu ihrem Umzug ins Altersheim bleiben.

Ende der 1950er-Jahre begann in Österreich das „Fernsehzeitalter". Der Kostenpunkt für den ersten Fernseher entsprach ungefähr zehn Beamten-Monatslöhnen. Das Fernsehprogramm begann um 19:30 Uhr abends und endete um ca. 21:30 Uhr. Der Dienstag war bis 1959 zunächst „fernsehfrei", dafür wurde am Mittwoch um 17:00 Uhr für die Kinder der *„Kasperl"*, die Lieblingssendung meiner älteren Schwestern und Cousine, ausgestrahlt. Tante Mali erhielt von ihren Wahlbrüdern ihren ersten Fernseher als Geschenk und war ganz fasziniert davon. Das Gerät versüßte ihr einsame Abende, vor allem aber konnte sie ihre Nichten und Nachbarskinder zu Kindersendungen, wie z. B. zur Gute-Nacht-Geschichte, einladen und sie mit heißer Schokolade und selbst gebackenen Kuchen verwöhnen.

Ihre wahre Passion aber galt weiterhin den Büchern. Tante Mali verschlang die Klassiker, die sie schon im Hause Prameshuber kennengelernt hatte, und lieh sich in der Bibliothek wöchentlich neue Werke aus. Am meisten schätzte sie Biografien und Romane über große Familien. Vielleicht suchte sie in den tragischen Lebensgeschichten der Literatur nach Mustern, um ihr eigenes Leben besser verstehen zu können. Als besonderen Luxus leistete sie sich auch ein Radiogerät und einen Plattenspieler. Die Jahre im Hause Prameshuber und ihre Aufenthalte in Ungarn und Italien hatten eine große musikalische Begeisterung bei ihr hinterlassen. Dank bestimmter Klänge konnte sie sich Budapest oder das Mittelmeer wieder ins Gedächtnis rufen, die Augen schließen und gedanklich zur Musik tanzen.

Malis Garderobe in ihrer kleinen Wohnung in Linz, um 1965

Ich erinnere mich noch gut an ihre winzige Wohnung, an den kleinen Beistelltisch, auf dem das Radio und der Plattenspieler standen. Ich sehe, wie Tante Mali sich im Takt zur Musik bewegt und wie sie dann vor dem schmalen Ganzkörperspiegel steht und sich, nach einem kritischen Blick in den Spiegel, die vollen Lippen mit Rot nachzieht.

In den gefüllten Bücherregalen standen auch alte Fotos in verschnörkelten Rahmen. Besonders froh war sie über die neue weibliche Prameshuber-Generation – ihre Nichten Sylvia, Edith, Cordula, Evi, Uschi und ich waren ihr ganzer Stolz. Wir bedeuteten Jugend, Unbeschwertheit und Zukunft für sie – alles, was ihr in den Kriegsjahren verwehrt geblieben war, gönnte sie uns.

Liebevoll hatte sie Souvenirs ihrer ersten Urlaubsreisen in die Nischen gestellt, meist Andenken an Aufenthalte in ihrem herrlichen Salzkammergut, aber auch Erinnerungen an Lignano, wohin sie öfters mit organisierten Busreisen fuhr. Sie liebte es, im Meer zu baden, ihre Sprachkenntnisse aufzufrischen und Muscheln am Strand zu sammeln, die sie uns danach glücklich zeigte.

Neben Reisen, Musik und Literatur zählte auch das Bergsteigen nach wie vor zu Tante Malis liebsten Freizeitvergnügen. In den Bergen zu wandern bedeutete für Tante Mali gar ein Lebenselixier, die Alpenwelt und die von mächtigen Gletschern hinterlassenen Seenlandschaften beflügelten sie. Ihre Naturbegeisterung war gepaart mit ihrer Passion für sportliche Betätigung. Jedes Wochenende, wenn das Wetter es zuließ, eilte sie am Samstagmittag nach Dienstschluss zum Bahnhof und fuhr von dort per Bus oder Bahn nach einem minutiös ausgearbeiteten Zeitplan zu ihren gewählten Ausflugszielen.

Im Winter war das etwa Bad Aussee, von wo aus sie ihre Wanderungen startete. Da es noch keine Skilifte gab, schulterte sie ihre Ski, erklomm die Hänge zu Fuß und ging in eine der Hütten, um zu übernachten und am nächsten Tag, *„manchmal laut jauchzend"*, den Berg hinunterzusausen. Sie liebte den *„winterblauen"* Himmel, der nach dunklen Herbstmonaten eine ganz besondere Intensität für sie besaß. *„Weißt du, es ist wie eine Wiedergeburt des Lichtes, das ich im Linzer Nebelherbst so schmerzlich vermisst habe"*, schrieb sie mir einmal.

Im Laufe der Zeit erwarb sie fundierte Kenntnisse über die Wanderrouten im Lande, freundete sich mit den Belegschaften der Hütten an und holte sich in der Natur die nötige Energie für ihre anstrengende Arbeitswoche. Wegen ihrer Gleichgewichtsstörungen vermied sie jedoch steile Abhänge oder schmale, unwegsame Stellen oder sie bat jemanden, neben ihr zu gehen. Die Landschaft spiegelte gewissermaßen ihr Inneres – tiefe Einschnitte, steinerne Wege, liebliche Wildblumenwiesen. Sie suchte die Einsamkeit in der Natur und auch deren Romantik: Seen, Narzissenfelder, faszinierende Felsformationen.

In den Alpenvereins- und Naturfreundehäusern konnten Wanderer und Skifahrer damals günstig übernachten und ihre zeitlich knapp bemessenen Ferien verbringen. 1965 wurde in Bad Aussee auch ein ehemaliges Restaurant ersteigert und zu einem Beherbergungsbetrieb für die Mitglieder der oberösterreichischen Gewerkschaft der Gemeindebediensteten umgebaut. Die von Mali sehr geschätzte „Villa Styria" erstrahlte nach der Renovierung in neuem Glanz und bot fließendes Kalt- und Warmwasser und Zentralheizung. In den Zeitungen stand darüber: *„Ein Festtag für die oberösterreichischen Kollegen!"*

Vor der „Villa Styria" lag die zauberhafte Berg- und Seenwelt des Salzkammerguts Mali quasi zu Füßen: Grundlsee, Ödensee, Dachstein, Totes Gebirge, Zinken, Loser, Erzherzog-Johann-Weg, Hallstatt, Bad Goisern ... Diese Gegend sollte zweimal im Jahr zu ihrem Refugium werden, sie verbrachte die meisten ihrer Urlaube und später als Pensionistin auch noch viele Wochen dort. An den schönsten Aussichtspunkten der zahlreichen Wanderwege lagen Jausenstationen – Mali genoss diese gemütlichen Postkartenmotive in majestätisch-schroffer Landschaft und trank auch gern einmal ein *„Schnapserl"*, wenn sie einen Gipfel erklommen hatte.

Dank Tausender Wanderkilometer, die sie in ihrem Leben zurückgelegt hatte, kannte sie die Bergwelt in- und auswendig. Wie oft versuchte sie uns Kindern ihre Wanderlust schmackhaft zu machen, aber wir waren damals noch nicht im richtigen Alter, den Erholungswert und die beeindruckenden Landschaftsreize zu schätzen. Wir bevorzugten Spiel und Sport, wie Memory und Tischtennis, oder ausufernde Telefongespräche mit Freundinnen. Tante Mali konnte nicht nachvollziehen, dass wir sonntags lieber lang schliefen, als sofort in der Früh Wanderschuhe anzulegen und loszumarschieren. Dennoch gelang es ihr, uns hin und wieder einmal zu Ausflügen zu überreden. Tante Mali hatte nie den Führerschein gemacht, so mussten wir entweder öffentliche Verkehrsmittel nutzen oder sie bat Bekannte höflich, aber bestimmt, uns alle mitzunehmen.

Hin und wieder nahm sie mich allein auf eine Wanderung mit, wobei mich nicht so sehr die Bergwelt erfreute, sondern eher die köstlichen Jausenbrote, die sie sorgfältig zubereitet in einem Rucksack mitschleppte. Wir plauderten ständig und dabei beantwortete sie gern alle meine Fragen. *„Welcher ist der schönste Berg, auf den du gestiegen bist?"*, wollte ich etwa einmal wissen. Da sah sie mich verschmitzt an und erklärte: *„Die Unnützen."* Ich kniff meine Augen zusammen und blickte sie verdutzt an: *„Die gibt's doch gar nicht!"*. *„Doch"*, antwortete sie, *„das ist ein Bergmassiv in den Tiroler Alpen. Es gibt sogar drei davon, den Hinterunnütz, den Hochunnütz und den Vorderunnütz."* Weil ich verwirrt war, lachte sie und meinte: *„Glaub mir, Christa, die gibt es wirklich. Zu Hause zeige ich sie dir in meinem Alpenbuch!"* Sie erklärte mir die Namen der Bäume, der Wildblumen oder wies mich auf die Wolkenformationen hin. Niemals hatte ich den Eindruck, von ihr wie ein kleines Kind behandelt zu werden. Sie nahm mich immer für voll und das fühlte sich großartig an!

Wenn sie nicht allein oder mit Bekannten unterwegs war, besuchte sie die weitverzweigte Verwandtschaft im Innviertel und Salzkammergut. Eine Anekdote kursierte innerhalb der Familie: Eines Tages überredete Mali eine entfernte Cousine, die nur selten Auto fuhr, mit ihr eine Wanderung zu unternehmen, *„von einem gut gelegenen Parkplatz aus"*. Ihre Cousine kannte den Weg dorthin nicht, und Tante Mali versprach als kompetente Beifahrerin, ihr die Route anzusagen, *„ich kenne die Straße auswendig"*. Allerdings entwickelte sich die Fahrt in eine abenteuerliche Richtung. Nach kurvenreichen und engen Forstwegen versanken die Reifen zu allem Übel in schmelzendem Schnee und beide Damen mussten aussteigen und den Wagen dort stehen lassen. Aus der geplanten Wanderung wurde nichts, denn: *„Waschelnass sind wir dann zu Fuß nach Haus gekommen."* Fast beleidigt rechtfertigte sich Mali letztlich ihrer Cousine gegenüber: *„Du hättest besser aufpassen sollen, schließlich bist du die Autofahrerin."*

Je älter sie wurde, desto mehr überschätzte Tante Mali ihre körperlichen Kräfte. So marschierte sie oft stundenlang zu Fuß durch unwegsames Gelände, irrte sich bei einer Abzweigung im Weg und brach am Ende fast zusammen. Es passierte einige Male, dass sie völlig durchnässt auf einer Bank saß, bis sich jemand ihrer annahm, oder sie kehrte vollkommen ermattet nach Einbruch der Dunkelheit zurück. Ihr selbst auferlegtes Verlangen, immer stark sein zu müssen und keine Hilfe anzunehmen, wurde ihr im Alter zusehends zu einer Gefahr.

Ihre beiden Wahlbrüder nahmen sich so viel wie möglich der Freiheitsliebenden an und versuchten, meiner Tante das Gefühl einer Großfamilie zu vermitteln. Auch bei den Angehörigen ihrer Linzer Cousine Marianne, die in Deutschland mit ihrem Ehemann und ihren beiden Töchtern lebte, fühlte Tante Mali sich eingebunden. Und dennoch hielt sie sich inmitten der anderen für eine Einzelgängerin. Alle lebten mit anderen unter einem Dach, meine Tante hingegen bezeichnete sich selbst als „alleinstehend" und nahm dies wörtlich. *„Ich habe viele liebe junge Leute um mich, meine Nichten und Großnichten,*

Mali mit ihrer Cousine Marianne in den 1970er-Jahren

mehr brauche ich nicht", ließ Tante Mali stets verlauten. Und alle regelmäßig zu besuchen war ihr Ziel.

"Du hast ein ausgesprochenes Talent, im falschen Moment zu kommen", scherzte mein Onkel Hans, wenn er sich zu Tante Malis spontanen Sonntagmorgenbesuchen äußerte, die oft wirklich ungelegen kamen. Sie wusste einfach nicht, wie ein modernes Familienleben mit Teenagern funktionierte. Er meinte dies aber niemals böse und klopfte ihr dabei jedes Mal brüderlich auf die Schulter. Tante Mali ihrerseits nahm solche Bemerkungen auch nie jemandem übel. Sie stand über solchen Kommentaren.

Und ich nahm all diese Szenen als Nachzüglerin in der Familie wahr. Schon als kleines Mädchen bewunderte ich Tante Malis aparte Erscheinung und ahmte ihre reizvollen Kopfbewegungen nach. Ich kannte sie nur von Familienzusammenkünften, beobachtete sie aber stets interessiert, da keine andere Frau in der Verwandtschaft so elegant wirkte wie sie, sie verfügte über eine unglaublich mondäne Ausstrahlung.

Meine Tante war bereits um die sechzig, als sie eine wichtige Rolle in meinem Leben zu spielen begann. Nach dem Tod meiner Mutter – ich war zehn Jahre alt – nahm sie mich fest in den Arm und kümmerte sich sogleich fürsorglich um mich. Sie wusste wohl am allerbesten, was ein solcher Verlust für ein Kind bedeutet. Sie versuchte, mich mit verschiedensten Aktivitäten aus der Traurigkeit zu reißen. Sie schneiderte mir Kleider in meinen Lieblingsfarben, spielte stundenlang Stadt-Land-Fluss mit mir und verzauberte auf Spaziergängen meinen Alltag in eine Feenwelt.

Tante Mali in den 1970er-Jahren in ihrer Wohnung in Linz

Neben Tante Mali nahmen auch zwei weitere alleinstehende Großtanten aktiv an meiner Erziehung teil. Sie stammten allerdings von der mütterlichen Seite und waren nicht direkt blutsverwandt mit mir. Was sie alle drei einte: Sie waren kinderlos und jede einzelne besaß eine Besonderheit, eine liebenswerte Schrulligkeit. Untereinander verband sie jedoch außer mir und der gemeinsamen Heimatstadt Linz nicht viel. Sie besuchten einander selten, sahen einander bei Familienanlässen, kamen sich aber nicht wirklich nahe.

Ihre Charaktere waren sehr unterschiedlich, aber ich liebte alle drei gleichermaßen. Sie waren meine Glücksfeen, Lehrmeisterinnen und Mentorinnen. Nur wusste ich das damals noch nicht. Vermutlich geht mir ihr Schicksal jetzt so nahe, da auch ich keine Kinder habe und erst heute mit dem zeitlichen Abstand sehe, wie viel sie mir alle drei gegeben haben! Nun hat das Leben auch mich mit drei Nichten beschenkt und seit Kurzem bin ich sogar Großtante von zwei kleinen Mädchen. Es ist deutlich: Frauen sind in unserer Familie vorherrschend.

Bis zum Tode meiner Mutter verbrachte ich die meiste Zeit mit meinen beiden anderen Großtanten, Tante Mali war ja im Gegensatz zu ihnen noch berufstätig. Wir sahen uns bei Verwandtschaftstreffen und wenn sie während ihres Urlaubs bei uns vorbeischaute. Sie war mir zwar anfangs fremd, doch bewunderte ich ihre ausgesuchte Liebenswürdigkeit und ihre nahezu königliche Eleganz, die es in meiner nahen Umgebung kaum gab. Sie war auch eine der wenigen, die ihre Meinung überall charmant, aber bestimmt, vertrat.

Im Winter 1971 beschloss Tante Mali, dass es an der Zeit sei, mir das Skifahren beizubringen. Ich erinnere mich unglaublich gut, wie schick sie in ihrer schwarzen eng anliegenden Hose aussah, mit einem Pelzhäubchen auf dem Kopf. Sie wirkte wie dem Werbeplakat eines Sportmodehauses entstiegen. Wir fuhren anfangs auf die Mayrwiesen am Pöstlingberg und mit Engelsgeduld zeigte sie mir den Stemmbogen und

Mali war in den 1970er-Jahren immer noch eine sportliche Frau und fuhr exzellent Schi

übte ihn mit mir. Später nahmen wir den Bus bis nach Sandl ins Mühlviertel und auf den sanften Pisten dort erlernte ich das *„Bogerlfahren"*. Wir flitzten begeistert unzählige Male hinunter, mussten danach aber jedes Mal wieder mit unseren geschulterten Skiern zu Fuß den Hügel hinaufstapfen. Wenn ich heute auf die nicht sehr steile Wiese blicke, kann ich mir kaum noch vorstellen, dass mir dieses flache Rutschen Spaß gemacht hat, doch damals war es gut genug für uns. Tante Mali stellte ihre Skiausrüstung bei uns im Haus in Urfahr ab, um nicht immer alles mitschleppen zu müssen. Das war auch eine ihrer Eigenarten: Sie brachte regelmäßig bei verschiedenen Verwandten etwas zur Aufbewahrung unter. Das Gleiche machte sie in Bad Aussee, wo sie bei ihrer Cousine ihre Bergschuhe verwahrte, um mit leichtem Gepäck reisen zu können. Vielleicht vermittelten die verschiedenen Orte mit ihren Besitztümern ein Gefühl der Zugehörigkeit, als ob sie dort ein Zimmer gehabt hätte.

Bis ins hohe Lebensalter bewahrte sich Tante Mali ihre beneidenswert elegante Figur und wirkte sportlich und weiblich zugleich. Sie schien immer in Bewegung sein zu wollen, ging rasch und wirkte stets in Eile, so als ob sie vor irgendetwas davonliefe. Neben ihrem sportlichen Talent verfügte meine Tante auch über bemerkenswerte häusliche Fähigkeiten. Sie beherrschte die Strickkunst wie kaum jemand und beglückte uns Mädchen mit Schals, bunten Pippi-Langstrumpf-Socken und Pullovern aller Art. Natürlich wählte sie immer unsere Lieblingsfarben. Sie schnitt aus den Burda-Heften raffinierte Modellbögen aus und breitete diese auf ihrem multifunktionalen Esstisch aus. Sie war auch eine Meisterin im Anfertigen origineller Faschingskostüme – von Prinzessinnenkleidchen über Clownhosen bis zu Indianerröckchen – ihrer Fantasie waren keine Grenzen gesetzt. Ich sehe sie noch heute vor mir: Beim Handarbeiten hielt sie manchmal inne und blickte für einen Augenblick traurig auf ihre gichtverformten Finger.

Mali 1975 beim Wandern in Bad Aussee

Tante Malis „Kratzbürstigkeit", wie sie dies selbst nannte und wie ich sie als Kind immer wieder erlebt habe, wurde immer dann offensichtlich, wenn es um ihre Arbeit ging. War die gesamte Familie versammelt und ihr passten Kommentare über ihre Auffassung von Fürsorge partout nicht, stampfte sie trotzig mit dem Fuß. *„Du kannst doch nicht alle Hilfesuchenden bei dir aufnehmen"*, seufzte mein Onkel und sie erwiderte mit funkelnden Augen nur: *„Davon verstehst du nichts!"* Ich war oftmals Zeugin solcher Gespräche, doch war ich ja noch ein Kind und konnte mir Tante Malis ungewohnte Aufregung nicht erklären. Ihre Widerborstigkeit zeigte sich besonders im beruflichen Umfeld und so hielten Außenstehende, aber oft auch die Familie, sie für „dickköpfig". In Wahrheit ging sie einfach keine Kompromisse ein, wenn es um Frauenschicksale ging.

Auch ihren Vorgesetzten gegenüber verhielt sie sich immer wieder „kratzbürstig" bzw. „aufsässig", wie sie das nannte. Widerspenstigkeit war ein Charakterzug meiner Tante Mali, der immer wieder zutage trat, wenn sie in einer Angelegenheit vollkommen anderer Meinung war. Selbst Drohungen konnten sie dann nicht umstimmen.

Ungerechtigkeiten konnte sie nicht ertragen und Obrigkeitsdenken war ihr vollkommen fremd. Einschüchtern ließ sie sich von niemandem, nicht einmal von der Polizei. Schon am Beginn ihrer Berufstätigkeit hatte sie sich gelegentlich Weisungen des Amtsleiters widersetzt und so verwundert es nicht, dass sich ihr Dienstakt als staatlich geprüfte Fürsorgerin fast wie ein Strafregister liest. Ihr *„Vergehenskatalog"*, so bezeichneten mein Onkel und mein Vater schmunzelnd ihre Dienstverweise. *„Der hatte einen ‚Krümel-Charakter'"*, murmelte sie verärgert, als mein Vater sie später fragte, was denn eigentlich mit ihrem Vorgesetzten vorgefallen war. *„Die Leute hatten ja alle keinen blassen Schimmer, wie Frauen wirklich behandelt wurden, wie sie geschlagen und genötigt wurden."*

Gelegentlich zog sie meinen Vater, der Jurist war, zur Beratung hinzu. Er verfasste Antworten für sie und bereitete sie auf Gespräche mit ihren Vorgesetzten vor, was sie wegen ihres ihrer Meinung nach zu kompromissbereiten Tones nur widerwillig akzeptierte. Von 1952 bis 1972 finden sich in ihrem Akt Einträge, die von *„Förmlicher Ermahnung"* (wiederholte Ordnungswidrigkeiten, über Weisung des Amtsleiters hinweggesetzt) bis zu Disziplinarstrafen (Geldbuße von 30 Schilling für Undiszipliniertheit) reichten. Aus Protest erschien sie zuweilen nicht einmal zu ihrem Termin bei der Polizei. *„Ich habe* *wie ein Mensch gehandelt und nichts verbrochen. Und dafür werde ich bestraft?"*, fragte sie. 1971 beispielsweise warf man ihr *„mangelnde Dienstauffassung"* vor und vermerkte dies ebenso in ihrem Dienstakt. Sie bezeichnete einige der Beamten der Fürsorgeabteilung als *„Steinbruchmenschen"* mit *„Herzen aus Felsen, eckig und innerlich abgebröckelt". „Wenn man nahe an sie herankam, tat es weh, man riss sich die Haut auf und erlitt Schnittwunden. So haben sie meine Mutter auch behandelt, aber das lass ich in meinem Bereich nicht mehr zu"*, so klagte sie.

Am meisten ärgerte sie sich über folgendes Dokument aus dem Jahr 1952: *„Da die Gemahnte nach wiederholten Ordnungswidrigkeiten förmlich gemahnt und kurze Zeit später aber wieder energisch zurechtgewiesen werden musste, weil sie sich über eine Weisung des Amtsleiters hinweggesetzt hatte, ist erwiesen, dass bloße Mahnungen erfolglos bleiben.*

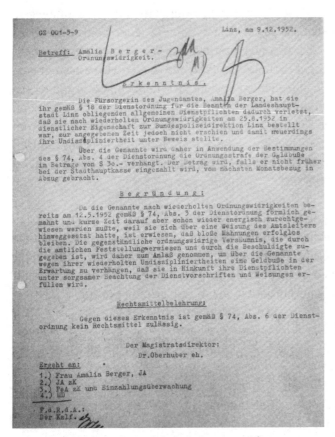

„Dienstverweis" aus dem Jahr 1952, einer von vielen

Dies wird daher zum Anlass genommen, um über die Genannte eine Geldbuße in der Erwartung zu verhängen, dass sie in Hinkunft ihre Dienstpflichten unter sorgsamerer Beachtung erfüllen wird. Die Summe wird vom nächsten Monatsbezug in Abzug gebracht."

Was war ihr tatsächlich vorgeworfen worden? Wie schon erwähnt, hatte Tante Mali ein großes Herz und setzte sich ihr Leben lang für die von der Gesellschaft Vergessenen und Geächteten ein. Der Wirkungsbereich der Fürsorgerinnen umfasste die Fürsorgeaufsicht über Waisen- und Ziehkinder und sonstige Dauerschützlinge des städtischen Jugendamtes. Dazu zählten auch ledige oder mittellose Mütter, Frauen, die vor ihren alkoholisierten oder gewalttätigen Männern Schutz suchten, Prostituierte, notleidende Familien, straffällige Jugendliche oder schwangere Minderjährige. Sie alle versuchte Tante Mali, so gut es ging, zu verteidigen und bezeichnete sie als *„meine Schützlinge"*. Viele ließ sie heimlich bei sich zu Hause sogar ein oder zwei Nächte schlafen, bis sie für die Unglücklichen durch die Fürsorge eine legale Unterkunft gefunden hatte. Sie steckte ihnen immer wieder Geld zu oder ließ jene ärztlich versorgen, die sich aus lauter Angst vor Schmach und Schande sonst irgendwo versteckt hätten. Was *„Schande"* bedeutete, wusste meine Tante sehr genau. Wärme in jeglicher Hinsicht zu schenken, war ihr daher ein Anliegen. Sie nähte ihnen „anständige" Kleidung und kaufte ihnen Jacken und Wintermäntel auf eigene Kosten. Vielleicht erklärt sich auch dadurch, warum sie uns Nichten Teppiche schenkte, sobald wir unsere eigenen Wohnungen hatten: *„Damit du aus dem Bett direkt auf einen warmen Boden steigen kannst. Da beginnt der Tag gleich ganz anders"*, meinte sie dazu.

Bis zu ihrer Pensionierung blieb sie als „Fürsorgerin" im Sozialamt tätig. Ich erinnere mich, dass wir beim Spazierengehen oftmals ehemalige Sozialfälle trafen, die sie alle als *„Unser Schutzengel!"* bezeichneten. Manchmal fürchtete ich mich vor einigen der Obdachlosen oder Heruntergekommenen, mit denen Tante Mali sich dann unterhielt, als wären sie gute Bekannte. *„Respekt ist alles, egal, wie jemand angezogen ist"*, bläute sie mir jedes Mal ein, *„viele Menschen sind von entsetzlichen Schicksalsschlägen getroffen worden und haben kein Zuhause mehr."* Auch mit mir sprach sie stets wie zu einer Erwachsenen, was ich immer sehr schätzte.

An einen Satz erinnere ich mich sehr genau: *„Obwohl ich schon so viele Jahre Fürsorgerin bin, so geht mir alles immer noch so nahe, als ob es mich selber träfe."* Und sie zieht in ihren Lebenserinnerungen Fazit über ihre berufliche Tätigkeit: *„Dieser jahrelange, strapaziöse Beruf hat mir recht zugesetzt, dass ich heute und seit Jahren schon gesundheitlich wie auch seelisch schwer angeschlagen bin, es aber trotzdem schaffe, mit meinem Alltag befriedigend zurechtzukommen und dabei ein recht ansehnliches Alter erreicht habe."*

Als 1982 das erste Frauenhaus in Linz eröffnet wurde, war sie selig. Ich weiß noch genau, wie sie begeistert in die Hände klatschte und mehrmals rief: *„Endlich!"* Mutige Frauen hatten bei Demonstrationen jahrelang für ein Frauenhaus gekämpft und einen Slogan gegen den damaligen Bürgermeister gerichtet: *„Hillinger, du wirst noch schauen, wir kriegen unser Haus für Frauen!"*

Aus heutiger Sicht kann man meine Tante Mali durchaus als Feministin der frühen Stunde bezeichnen, kämpfte sie doch immer für die Selbstbestimmung und die Grundrechte der Frauen. Als meine Cousine Sylvia sie nach ihrem Freudenausbruch über das Frauenhaus jedoch spaßhalber als „Emanze" bezeichnete, winkte sie empört ab: *„Ich bin keine Emanze – ich bin eine selbstständige Frau!"*

Meine Tante Mali war eine Frau der Gegensätze – von zurückhaltend bis explosiv, wenn jemand ungerecht agierte – von ruhig bis rabiat, wenn jemand gewalttätig war – von bigott bis freizügig, je nach Situation. Habe ich sie wirklich gekannt? Erst nach ihrem Tode, mit größerem Wissen über ihre damaligen Lebensumstände, erkenne ich ihr Sehnen, spüre ich ihre innere Aufruhr und verstehe ihre Kämpfe.

„DER PERSONIFIZIERTE FRÜHLING"

Ruhegenuss (Endlich!)

Wir vier Mädchen, also Sylvia, die Tochter von Wahlbruder Hans, und wir drei Töchter ihres Wahlbruders Alexander, wuchsen heran und Tante Mali begann vermehrt, mit uns über Ausbildung, Arbeitsleben und die Liebe zu sprechen. Uns Nichtenschar betrachtete sie als ihr familiäres Betätigungsfeld. Sie steckte uns stets etwas Geld zu, obwohl sie selbst sehr bescheiden leben musste, und schrieb uns regelmäßig Briefe, nachdem wir in die Welt gezogen waren.

Ihre Korrespondenz verfasste sie auf ihrem rechteckigen Esstisch, wo die Sonne die Schreibfläche und ihre Gedanken erhellte. Das Briefeschreiben war für sie nahezu ein Ritual: Sie setzte sich aufrecht hin und begann, ihre Post zu erledigen; zuerst alles Administrative, um das sie sich stets selbst kümmerte, und für das sie nur bei Bedarf um Unterstützung bat. Danach widmete sie sich ihrer persönlichen Post. So konnte sie Stunden verbringen. Während sie nachdachte, flossen die Worte langsam aufs Papier.

Stets lag ein Stapel cremefarbenes Büttenpapier in einer geblümten Schachtel auf dem Tisch, auf dem sie zwei- bis dreiseitige Briefe verfasste, die sie gleich nach deren Fertigstellung zur Post brachte. *„Verzeih die schlampige Schrift und das unschöne Briefpapier"*, entschuldigte sie sich schriftlich, wenn ihr die exquisiten Blätter ausgegangen waren und sie einen einfachen Zettel beilegen musste, um ihren Gedankenschwall zu Ende zu bringen. Oftmals endete ein Brief mit *„Jetzt muss ich aber enden, ich bin immer noch im Morgenmantel"* oder *„Jetzt muss ich aber wirklich meine Haare in Ordnung bringen."*

In unserem Briefaustausch kam oftmals ihre Haarpracht vor, denn diese pflegte sie bis zu ihrem Tod mit Hingabe. Sie berichtete uns dann, sie müsse sich eine neue Dauerwelle machen lassen, die neue Friseurin hätte ihr das Haar „*elendiglich kurz geschnitten*" oder ihre Föhnhaube verströme viel zu heiße Luft.

Das Warten auf Antworten dauerte meist unsäglich lang für sie. Jeden Tag ging sie zum Briefkasten und hoffte auf Post. Wir Nichten waren da manchmal etwas nachlässig und ließen uns mit dem Zurückschreiben Zeit. Umso größer war ihre Freude, wenn dann tatsächlich ein Brief von einer von uns eintraf.

Sie wusste stets genau Bescheid, wer gerade wo war, wie die politische Situation im jeweiligen Land aussah und ob etwa dort Naturkatastrophen hereingebrochen waren. Wenn dies der Fall war, meldete sie sich sofort und fragte nach, ob alles in Ordnung sei. Ratschläge erteilte sie ungefragt, auch ihre Bedenken zur Partnerwahl oder ihre Meinung zu Familienfehden äußerte sie unaufgefordert. Besonders in Liebesdingen nahm sie sich kein Blatt vor dem Mund: „*Verkauf dich nicht unter deinem Wert! Du hast studiert und bist ein Juwel! Du musst nicht ‚nett sein'.*"

So versuchte sie, uns Mädchen alle in ihren Augen „*nicht guten Burschen*" auszureden. „*Vor Tachinierern warne ich ausdrücklich, ein Mann braucht einen Beruf und soll kein Faulenzer sein. Dein junger Freund erscheint mir als ausgesprochener Tunichtgut!*", warnte sie zum Beispiel einmal eine von uns. Oder, wenn man schon länger und ernsthaft liiert war, sollte man niemals einen Streit zum Anlass nehmen, sich zu trennen: „*Man muss manchmal die Lippen zusammenkneifen und gemeinsam durch.*"

Wenn ich unsere Korrespondenz, die sich über 40 Jahre erstreckte, lese, offenbaren sich sogleich ihre Intelligenz, Herzenswärme und Eloquenz. Sie ging stets auf Fragen oder auf den vorherigen Brief ein. Sie blieb originell und wiederholte sich nicht. Mitunter passte sie sich an den Jargon der Jugend an und begann zum Beispiel, wenn wir lange nichts von uns hatten hören lassen, mit: „*Du treulose Tomate.*" Und sie riet uns dazu, „*Beine und Seele baumeln zu lassen*".

Tante Mali verfügte über einen bunten Wortschatz mit vielen blumigen Sprachkombinationen. Ihre Gedankenwelt war durch die Aufenthalte in Ungarn und Rom mit zwei lebhaft-klangvollen Sprachen bereichert worden.

Mir gefallen ihr ausgewählter Schreibstil und ihre oftmals eigenwilligen Beschreibungen. Ausdrücke wie *„Das ist nicht mein Tisch"* im Sinne von das ist nicht meine Aufgabe aus dem Ungarischen entnommen, *„Es regnet auf nassen Boden"* (ein Unglück kommt selten allein) dem Italienischen entlehnt oder *„Lass das Wasser im Mund"*, was so viel wie *„Behalte das für dich"* meinte, erschienen mir als besondere Kostbarkeiten. Ihre Wortwahl schien ganz anders als die anderer Frauen ihres Alters, war ästhetischer und mit typischen altösterreichischen Ausdrücken durchsetzt.

Oft beobachtete ich meine Tante heimlich, sie erschien mir so jugendlich, adrett und gänzlich „untantenhaft". Sie war sich ihrer Anziehungskraft auf andere niemals bewusst – im Gegenteil, es missfiel ihr, im Vordergrund zu stehen, und sie winkte fast ärgerlich ab, wenn man ihr Komplimente machte. Sportlich, grazil und mit einer natürlichen Eleganz sehe ich sie noch heute vor mir stehen.

Ausflug mit Tante Mali im Frühling 2002. Sie bezeichnete mich in meinem geblümten T-Shirt und dem hellblauen Kostüm als „personifizierten Frühling"

Sie liebte es, wenn wir Röcke oder Kleider anhatten und nicht in Jeans daherkamen. Als ich sie einmal besuchte und dabei ein hellblaues Kostüm mit einem geblümten T-Shirt darunter trug, nannte sie mich den *„personifizierten Frühling"* und lachte dabei.

Ich schätzte unsere Frau-zu-Frau-Gespräche überaus. *„Liebe hin – Liebe her"*, sprudelte es aus ihr bei solchen Gelegenheiten heraus, *„in unserer heutigen freizügigen Zeit müssen dennoch Lebensgrundsätze eingehalten werden!"* Ihre Weisheiten belustigten uns Nichten zwar, hatten aber stets einen tiefgründigen Kern. Und manchmal spürte ich zudem ihre Wehmut des Alters. *„Weißt du, ich schere mich um gar nichts und sage stets, was ich denke und fühle. Auch flimmern oft Bilder aus Italien oder Ungarn vor meinen Augen und die übersetze ich dann spontan in Worte"*, erzählte sie mir bei einem gemeinsamen Kaffeehausbesuch im Café Traxlmayr.

Ach, was ich nicht alles von ihr gelernt und sofort in mein Tagebuch notiert habe!

„Sei großzügig mit dir selbst. Mach dir nicht zu viel Druck. Es gibt keine falschen Entscheidungen, denn die Zukunft hängt nicht von einem einzigen Entschluss ab.

Frag dich, ob die Spielregeln, nach denen man dich zwingt zu spielen, überhaupt für dich gelten. Mach dir eigene.

Sei nicht nachtragend, es ist, wie wenn man jemanden vergiften will und das Gift selbst schluckt. Alles wird einmal verblassen. Zerstreite dich nicht mit guten Freundinnen.

Es muss immer Zeit dafür sein, einander zu helfen. Später ist man einander Zeitzeugin und weiß oft deutlich mehr als die eigene Familie.

Mach, was du willst, relativiere deine eigenen Wünsche nicht. Sag, was du willst, und das laut und deutlich. Die Menschen um dich herum können nicht wissen, was dich glücklich macht.

Wenn du nicht weiterweißt, sei dir sicher, du bist nicht die Erste in deiner Lage. Frag andere Frauen, wie sie es gemacht haben."

An einem Frühlingstag auf dem Pöstlingberg lächelte sie mich einmal an und meinte: „Ich erinnere mich, wie du als blutjunges Mädchen sagtest: ‚Du wirst noch staunen, Tante Mali, ich schaffe noch allerhand', und du solltest recht behalten. Ich habe immer an dich und deine Talente geglaubt." Sie tätschelte zärtlich meine Hand. Uns einte eine intensive Verbindung. Vermutlich da wir beide an die Kraft des Wollens glaubten und auch, weil wir früh sehr verletzt worden waren und daher eine unsichtbare Schutzschicht um uns herum aufgebaut hatten.

Wir verstanden einander ohne große Worte. Mit all dem Wissen über meine Tante von heute würde ich noch so vieles mit ihr besprechen wollen, würde so gerne noch so viele Fragen an diese weise Frau richten! Unsere reiche Korrespondenz erachte ich als ein überaus wertvolles Erbe.

Nachdem ich in die Schweiz gezogen war, besuchte ich sie seltener. Doch wir etablierten eine Tradition, die wir stets aufrechterhielten: Jedes Mal, wenn wir uns in Linz trafen, fuhren wir auf den Pöstlingberg zur Wallfahrtskirche, ganz egal, wie das Wetter war und welche Jahreszeit wir hatten. *„Du weißt ja, der Pöstlingberg ist mein Herzensort"*, erwähnte sie fast jedes Mal und begann, über Vergangenes zu sprechen.

Tante Mali behielt bis ins hohe Alter ein erstaunliches Gedächtnis. Mit Schrecken erinnerte sie sich an das Feuer im Jahr 1963, als das Dach der Pöstlingbergkirche und beide Türme einstürzten. Sie hatte den Rauch sogar vom Fürsorgeheim aus sehen können. Nahe der Pöstlingbergbahn-Endstation steht ein Gedenkstein mit dem Gedicht des Lyrikers Hermann von Gilm, in dem die Zeile *„Perle der Provinz"* auf *„Akropolis von Linz"* reimt. Tante Mali kannte den Text auswendig und bat mich einmal, den Gedenkstein zu fotografieren. Bei meinem nächsten Besuch überreichte ich ihr das Foto in einem Bilderrahmen. Darüber freute sie sich so sehr, dass sie immer wieder in die Hände klatschte.

Tante Malis Lieblingsgedicht „O Pöstlingberg" von Hermann von Gilm zu Rosenegg

Zwischen meinen Besuchen schrieben wir einander Briefe, meine Tante vermutlich mehr als ich. Manchmal, wenn mich der Alltag völlig in der Hand hatte, schrieb ich ihr nur eine Karte. Doch auch darüber freute sie sich. *„Hast du die Karten selbst gebastelt?"*, fragte sie mich, als ich einmal ein Set von handgemachten Karten für einen guten Zweck erstanden hatte. Sie liebte Karten, die den Genfer See und die umliegende Bergwelt zeigten, denn da wohnte ich lange Zeit. Sie kannte die Gegend gar nicht. *„Fast wie das Salzkammergut"*, beschrieb sie die Aufnahmen.

Der personifizierte Frühling

Immer fragte sie nach meiner Arbeit, meinem Privatleben, meinen Reisen. Es war echtes Interesse und niemals wiederholte sie eine Frage. Sie ging stets auch auf ihr eigenes Erlebtes ein und sie genoss meine Erkundigungen über ihre Jugend und ihre Auslandsaufenthalte, denn diese verbanden uns zusätzlich.

Seit ihrer Pensionierung widmete sie sich leidenschaftlich dem, was sie bereits beruflich getan hatte. Sie half, wo und wem sie konnte. Sie unterstützte ihre Nichten und Wahlnichten, ihre Patenkinder, spielte für alle jungen Mütter um sie herum Babysitter, buk ihre legendären knusprig-saftigen Apfelstrudel, im Sommer Erdbeertorten und zu Weihnachten ihre handgewuzelten Vanillekipferl. Tagelang stand sie dafür in ihrer winzigen Küche und bereitete gekonnt die Weihnachtsbäckerei vor. Sie rollte den Teig aus, formte nahezu perfekte Halbmonde und platzierte sie anschließend in dekorative Metalldosen, die sie dann voller Stolz verschenkte. Wenn wir ihre Köstlichkeiten lautstark verzehrten, strahlte sie. Für Nachbarskinder und alleinstehende Personen bereitete sie gern deren Lieblingsnachspeisen zu und freute sich darüber, gebraucht zu werden.

Immer im Einsatz: Mali beim Rasenmähen

Immer versuchte sie, Verwandten zur Hand zu gehen. Gelegentlich begab sie sich sogar in Gefahr dabei, wenn sie zum Beispiel mit einem ihr unbekannten elektrischen Rasenmäher den Rasen mähen wollte und dabei fast zu Sturz kam. Ja, sie wirkte schrullig, wenn sie eigensinnig daran festhielt, helfen zu wollen!

An Festtagen war Tante Mali stets eingeladen, runde Geburtstage und Weihnachten feierte sie im Kreis meiner Familie. *„Ich habe immer an die Großfamilie geglaubt – das bedeutet Sicherheit, Geborgenheit und das sanfte Abfedern von Sorgen"*, meinte sie manchmal. Die Anwesenheit einer glücklichen Kinderschar trieb ihr bisweilen Tränen in die Augen. Wenn wir lachten und herumtollten, fühlte sie sich lebendig und Teil eines Ganzen.

Mali mit Verwandten beim Wandern in Altmünster 1985

Kinder und deren Pflege – das hatte ihr ganzes Leben bestimmt und war ihr auch im Alter noch sehr wichtig. *„Es gibt viel zu wenig Kindertagesstätten!"*, beklagte sie. Familien sollten viel mehr von öffentlichen Institutionen unterstützt werden, war ihre klare Meinung.

Was ihre persönlichen Kontakte – abgesehen von der Verwandtschaft – betraf, so kannte sie viele Menschen in ihrem Wohnviertel. Da sie in der Pension wieder mehr Zeit zur Verfügung hatte, kontaktierte sie ihre ehemaligen Kolleginnen vom Riesenhof. *„Ich traf noch zwei alte ‚Kirchschlagerinnen', die ich 60 Jahre nicht mehr gesehen hatte. Sie sind auch schon über 80"*, erzählte sie mir einmal. Diese Frauen blieben gute Bekannte für sie, aber nicht wirklich ihr nahestehende Seelenmenschen. Eine richtige Lebensfreundin hatte Tante Mali jedoch nicht. Mit Anna Hartl, deren Ehemann sie einst nicht hatte heiraten wollen, verstand sie sich gut. Sie unternahmen gerne Spaziergänge zusammen, die mit intensiven Gesprächen verbunden waren. Doch „Frauengespräche" führte sie lieber innerhalb der Familie.

Mali mit Anna Hartl in Altmünster, 1982

Gefragt und ungefragt agierte sie als Streitschlichterin. Wenn es irgendwo in der Verwandtschaft oder Nachbarschaft zu Streitereien oder Ungereimtheiten kam, mischte sich Tante Mali – oft auch per Brief – ein, um die Wogen zu glätten. Ihre Meinung kam aber nicht immer gut an, entweder weil man sie nicht ernst nahm oder aber weil man ihre Ratschläge für altmodisch hielt. Heute denke ich, dass sie oftmals recht hatte und ihre Güte sie dazu trieb, Frieden zu stiften – sie, die in einer so hasserfüllten und kriegsgeprägten Zeit gelebt hatte. Ihre hilfsbereite Fürsorgerinnennatur löste oft starke Kontroversen aus, da man ihre Mithilfe als Einmischung ins Privatleben (miss-)verstand. So war ihr beispielsweise das sonntägliche lange Schlafen „der Jugend" stets ein Dorn im Auge. Einmal trat sie in das Zimmer von Sylvia, die mit ihrem Verlobten Helmut noch im Bett lag, und zog die Vorhänge auf. *„Ein herrlicher Tag ist heute – aufstehen!"*, rief sie ihnen zu.

Der personifizierte Frühling

Tante Mali war eitel und wollte nur eine Gehörhilfe verwenden, die ganz diskret und möglichst unsichtbar war, doch konnte sie sich niemals an diesen „*Störfaktor*" im Ohr gewöhnen. Sie hatte stets Schwierigkeiten, alles zu verstehen, vor allem wenn mehrere Menschen gleichzeitig sprachen oder es Echogeräusche gab. Der Hörakustiker schlug vor, das Hörgerät bei Möglichkeit ständig zu tragen. Doch „*bis heute mache ich sie zu Hause nicht dran. Und wenn ich rausgehe, meist auch nicht*", sagte sie. Natürlich kann ein Hörgerät seine Wirkung nur begrenzt entfalten, wenn es in einer Schublade liegt, das wusste sie selbst. Aber benutzte sie es doch, machte dies ihr Leben meist auch nicht leichter: „*Ein einziges Ärgernis!*", rief sie oft aus. Als sie einmal damit im Theater war, hatte sie den Eindruck, im Inneren einer Blechdose zu sitzen, so sehr schepperte es, wie sie mir erklärte und dann tief seufzte: „*Das stört mich wahnsinnig!*"

Selbst bei Spaziergängen war Mali stets elegant gekleidet, Februar 1981

In Hinblick auf ihre Gesundheit unternahm Tante Mali alles, um so lange wie möglich beweglich zu bleiben. Diszipliniert, wie sie war, machte sie regelmäßig Morgengymnastik und folgte der legendären Sendung „Fit mach mit – Morgengymnastik mit Ilse Buck". Sie buchte auch Aufenthalte in Lignano mit Gesundheitstherapien und schrieb mir, „*das Wandern barfuß im Sand und in der Wärme stimmt mich dankbar.*"

Mit ihrem Charme war sie unwiderstehlich! Meine Tante Mali in den 1970-er Jahren

„DIE ALTE EINSIEDLERIN"
Die Melancholie der Dankbarkeit

Dieses ausgefüllte Leben nahm jedoch eines Nachmittags im Herbst 1988 ein abruptes Ende. Tante Mali war für Bankgeschäfte im Stadtzentrum unterwegs und wollte gerade in die Straßenbahn einsteigen. Da wurde sie von einem betrunkenen Autofahrer, der in der Folge Fahrerflucht beging, niedergefahren. Dieser Unfall ließ die über Siebzigjährige mit einem gebrochenen Becken zurück und mit der bedrohlichen Ungewissheit, ob sie jemals wieder richtig würde gehen können.

Mehrere Operationen schwächten sie, aber ihr eiserner Wille, „auch das noch" zu überstehen, war ungebrochen. „*Es war ein großer Eingriff und ich hatte noch nicht den Mut, den Operationsbericht zu lesen, das kann ich erst morgen machen, wenn mein Herz ruhiger schlägt*", vertraute sie mir nach einer der Operationen an. Sie litt unsäglich unter den Schmerzen und fürchtete die mit der Verletzung verbundene Abhängigkeit.

Ihre geliebten Spaziergänge und Wanderungen waren nun mit einem Mal vorbei, nie mehr sollte sie sich so gut erholen, dass sie wieder schmerzfrei gehen konnte. Als ich sie im Spital besuchte, vertraute sie mir an: „*Mein Bedürfnis, in die Berge zu gehen, ist so stark, ich muss gehen und gehen. Da oben wirkt alles größer, und mein Herz kann atmen. Manchmal muss ich fast vor Glück singen, wenn ich da oben stehe.*"

In der Zeit ihrer mehrwöchigen Rekonvaleszenz verschlang sie historische Romane und Biografien und wir diskutierten stundenlang über Bücher. Eine ihrer historischen Lieblingsfiguren war Charlotte von Stein. Tante Mali faszinierte ihr intensiver Briefwechsel mit dem von Bengt von Barloewen so gerne zitierten Goethe. Sie hatte auch alle erhältlichen Biografien der Habsburger gelesen – von Maria Theresia über Kaiser Franz Joseph und Sisi bis hin zu Kronprinz Rudolf. Wir diskutierten angeregt, sobald ein neues Buch zum Thema erschien, schickte ich es ihr.

Bei ihren regelmäßigen Aufenthalten im Krankenhaus und den anschließenden Therapien suchte sie oftmals das Gespräch mit Psychologen, um sich über den letzten Stand der Kinder- und Jugendpsychologie zu informieren. *„Wir sprachen über die heutige Sexualerziehung und sind dabei gehörig aneinandergeraten"*, entrüstete sie sich einmal. Tante Mali hatte klare Vorstellungen von Moral und war zutiefst schockiert über die im Vergleich zu ihrer Jugendzeit skandalösen Bilder in Hochglanzmagazinen oder im Fernsehen. *„Wo bleibt denn heute die Scham? Ein anständiges Mädchen zeigt sich nicht nackt in der Öffentlichkeit"*, echauffierte sie sich hin und wieder, *„ich habe im Lazarett gearbeitet und vieles gesehen, aber heute gibt es kaum noch Grenzen!"*

Der Wertewandel innerhalb nur einer Generation belastete sie und sie musste schweren Herzens mitansehen, wie ihre Nichten *„in wilder Ehe"* lebten oder eine Beziehung nach der anderen ausprobierten. Auch Berichte über steigenden Alkoholkonsum verfolgte sie skeptisch, hatte sie ja in ihrer Fürsorgetätigkeit oft und oft Alkoholmissbrauch und dessen Konsequenzen miterlebt und gesehen, wie Betrunkene zuschlugen und Familien ruinierten. Uns wünschte sie Geborgenheit und Liebe.

Nach ihrem Unfall ging sie eine Weile am Stock. Man sah ihr die Schmerzen an, aber sie hielt tapfer durch. Auf Treffen im Kaffeehaus oder in größeren Runden, wenn der Hintergrundlärm das Verstehen anderer schwierig machte, verzichtete sie. Damit isolierte sie sich aber zunehmend. *„Wenn man älter wird, schreit die Sehnsucht nach vergangenen Erlebnissen immer lauter"*, beklagte sie. Teilen konnte sie diese Erinnerungen wegen ihres gesellschaftlichen Rückzugs freilich immer weniger.

Wanderung auf den Loser, 6 Wochen nach der Hüftoperation 1988

Wenn wir sie in unseren Briefen aber über die Vergangenheit befragten, begann sie hocherfreut zu erzählen. *"Das große Glück habe ich nur in meiner Arbeit gefunden"*, erklärte sie stets. Um seufzend hinzuzufügen: *"Und in der Natur."*

"Weißt du, man vereinsamt leicht in meinem Alter", reflektierte Tante Mali 1995 an ihrem achtzigsten Geburtstag und sie gestand mir, dass sie schon längere Zeit Selbstgespräche führe, weil sie sich zunehmend so allein fühle. *"Die kann ich sogar in meiner ureigenen Lautstärke führen"*, schrieb sie. *"Anfangs murmelte ich nur einige Satzfetzen laut, der Rest waren stille Gedanken, die sich aber wie ein Gespräch anfühlten, es ergab Struktur, ein ‚Aufeinander-Eingehen'. Ich stehe aber, glaube ich, nicht allein damit da, ich habe auch andere gehört, wenn ich im Zug saß oder im Bus. Selbstgespräche ähneln Händchenhalten, ein sanftes Miteinander, das so beruhigend wirkt"*, so formulierte sie es. Trotz ihrer zahlreichen Kontakte, trotz ihres beeindruckenden Briefverkehrs fühlte sie sich abends zu Hause einsam und sie verfiel in eine tiefe Melancholie.

Ihre *"Sinnkrise"*, die sie in Briefen immer wieder ansprach, konnte sie sich zumindest von der Seele schreiben: *"Es ist, wie wenn ich beim Formulieren tatsächlich Zeit mit der Person verbringe, eine Art geschriebenes Gespräch. Ich wähle schönes Briefpapier und besondere Marken."*

Tante Malis Eifer beim schriftlichen Austausch hing auch damit zusammen, dass sie wegen ihrer Schwerhörigkeit nicht gerne telefonierte. Nur in Notfällen rief sie jemanden an, und wenn bei ihr das Telefon klingelte, brauchte sie eine Weile, um zu verstehen, wer am Apparat war. Da mit der Zeit auch beim Fernsehen grobe Verständnisprobleme auftraten, bevorzugte sie mehr und mehr das Zeitunglesen.

Sie hielt sich stets informiert, las täglich die Oberösterreichischen Nachrichten und diskutierte gerne über Weltpolitik. An jedem Jahrestag nach der Katastrophe von Tschernobyl erwähnte sie, wie sehr sie dies an die Kriegszeit zurückdenken ließ: *"Russlands Politik hat mich immer verängstigt."* Mit ihren 86 Jahren verfolgte sie die Geschehnisse des 11. September 2001 in den USA und schrieb mir dazu: *"Ich habe mir soeben die Zerstörung des Pentagon in Amerika angesehen und bin zutiefst erschüttert. Weiß Gott, welche Folgen das noch haben wird. Am Ende werden wir nochmals in einen Krieg hineingejagt, mit all den schlimmen Folgen."*

Tante Mali wohnte immer noch in ihrer kleinen Wohnung, konnte sich selbst versorgen, hatte aber *"viel zu viel Zeit zum Nachdenken"*, da ihre Gleichgewichtsstörungen zunahmen und sie sich zu unsicher fühlte, das Haus zu verlassen. Sie spürte langsam ihre Kräfte schwinden: *„Heute wäre echtes Wanderwetter, freundlich, sonnig und nicht zu heiß. Aber es geht mir nicht gut genug, um hinauszulaufen. Leider, leider. Ich komme mir wie eine Gefangene vor. Ich muss wieder beweglicher werden!"* Das Wörtchen „muss" hatte sie natürlich zweimal unterstrichen.

Bis heute weiß ich nicht, ob sie bei ihrer Lebensrückschau bereute, keinen der Heiratsanträge angenommen zu haben. Sicherlich war sie in ihrem Beruf aufgegangen und gefiel sich in ihrer Rolle als Tante. *„Eine Vernunftehe wäre ich niemals eingegangen"*, vertraute sie uns einstmals an, *„da bin ich schon eher für sorgfältig arrangierte Heiraten, wo die Familie den Richtigen auswählt."* Meine beiden Schwestern und ich echauffierten uns zuerst, dann lachten wir. *„Das meinst du doch nicht im Ernst!"*, rief meine älteste Schwester. *„Doch"*, erwiderte sie, *„Vernunftehen halten meist am längsten, da der soziale Kontext stimmt und von beiden Seiten Klarheit besteht. Ich habe da kürzlich einen Bericht über Indien gelesen, das hat mich zum Nachdenken gebracht."* Als meine beiden älteren Schwestern heirateten, war Tante Malis erste Frage jedes Mal: *„Ist er aus guter Familie?"*

Ich verstehe, was sie damit sagen wollte. Für ihre uneheliche und bescheidene Herkunft hatte sie sich übermäßig geschämt, es gab kein Elternhaus und Mitgift war keine vorhanden gewesen. Dass sie aus sich etwas Besonderes gemacht hatte, war ihr entgangen. Meine Tante war Zeit ihres Lebens eine moderne, eigenverantwortliche und starke Frau gewesen, hatte sich selbst aber leider nie als solche gesehen.

„In der Jugend lernt man, im Alter versteht man", zitierte Tante Mali die von ihr sehr geschätzte Schriftstellerin Marie von Ebner-Eschenbach in einem späten Brief im Jahr 1998. Ihre Handschrift war zittriger geworden, ihre Briefe kürzer. Nachdem sie zu Hause mehrere Male ohnmächtig hingefallen war und sie Angst davor hatte, bei einem Unfall tagelang ohne Hilfe liegen zu bleiben, entschloss sie sich dazu, ins Seniorenheim zu übersiedeln. Sie beschrieb ihren Eintritt ins Altersheim der Franziskusschwestern so: *„Dieses Heim ist mein Sprungbrett ins Alter."*

Nach dem Abebben ihrer ersten Euphorie, mit der sie ins Altersheim gezogen war, erklärte sie jedoch: *„Richtig Anschluss finden konnte ich noch nicht, die ‚Blablabla'-Gespräche sind eben nichts für mich."* Nur wenige der Bewohnerinnen und Bewohner waren ihr geistig und intellektuell ebenbürtig. Sie freundete sich aber mit ihrer Zimmernachbarin, einer pensionierten Schuldirektorin, an und gemeinsam sprachen sie über Literatur und hörten Mozart-Symphonien. Als diese Verbündete nach einem Jahr starb, vereinsamte Tante Mali inmitten des mit Menschen gefüllten Heimes. Sie hatte eine kleine Stereoanlage und hörte mit Kopfhörer CDs von Mozart, Brahms (Ungarische Tänze) sowie italienische Opernarien. Doch niemand fand sich im Haus, mit dem sie wirklich reden konnte. *„Der Pfarrer kommt hin und wieder, aber wir geraten ständig aneinander"*, teilte sie mir mit.

Mit 84 Jahren war Tante Mali immer noch sehr adrett, 1999

Meine Tante erstaunte mich immer wieder mit ausgefallenen Lebensansichten – sie erschien mir als eine wahre Alltagsphilosophin. *„Manche hier sind so unselig flach geworden"*, meinte sie, als sie schon im Heim lebte, über die anderen Bewohner. *„Flach?"*, fragte ich, *„wie meinst du das?" „Na ja, sie sind eindimensional, denken in eine einzige Richtung und sehen die Sonnenstrahlen an der Abzweigung nicht. Sie sind emotional abgeflacht und nehmen keinerlei neue Gefühle auf."*

Tante Malis Innenleben blieb auch im Heim von Berg- und Talfahrten durchzogen. Es ist möglich, dass das traumatische Erlebnis des Selbstmords ihrer Mutter im Alter ihre Depressionen verstärkte. Die Kindheit kommt in Träumen und Gesprächen wieder zurück. Sie, die früh im Leben zwei Weltkriege und die Nachkriegszeit überstehen musste, litt immer noch unter den traumatischen Erlebnissen. Viele Verzweiflungsmomente krochen dann wieder in ihr hoch: die forcierte Rückkehr nach Linz, Kriegserlebnisse, Bombenhagel, die Verschüttung im eingestürzten Haus und vieles mehr erlebte sie in Form von nächtlichen Rückblenden und starken Angstzuständen erneut. Tante Mali fühlte sich in dem kleinen, gemütlichen, aber allzu engen Zimmer *„wie in einer Zelle"*. Der Mangel an *„kultivierten Gesprächen"* frustrierte sie zunehmend. Ihre Beschwerden äußerten sich bei ihr in gesteigerten

Gleichgewichtsstörungen und ihrem Wunsch nach Rückzug. Nur wenn Besuch kam, lebte sie auf. Sie freute sich und kicherte wie ein junges Mädchen. Bei unseren gemeinsamen Nachmittagsstreifzügen in diverse Konditoreien der Stadt betonte sie stets die Dankbarkeit, die sie erfüllte, und zwang sich, mir gegenüber zuversichtlich zu wirken. „*Wenn ich alte Fotos betrachte und sehe, was ich alles erlebt habe, dann fühlt sich plötzlich alles federleicht an.*"

Immer wieder holten Verwandte sie zu einem Ausflug zu ihren Lieblingsplätzen ab oder sie wurde zum Sonntagsmittagessen nach Hause eingeladen. In dieser Zeit verwendete sie einen Stock, denn sie fühlte sich unsicher zu Fuß. „*Ich, die ich wie ein Reh auf- und abgelaufen bin*", seufzte sie voller Selbstironie, „*es sind die Nerven, die angegriffen sind. Meine alten Bekannten sind alle tot. Das Lesen füllt hier weitgehend meine Zeit. Ich erlebe hier im Seniorenheim viel Verdrossenheit, das Alter nimmt Frohsinn und Tatkraft.*"

Ihr Blick richtete sich zusehends auf die Vergangenheit. „*Auf meiner persönlichen Habenseite*", sagte sie einmal, „*finden sich Erfahrungen wie die Zuneigung einzelner besonders verständnisvoller Verwandter, ein ausgeprägtes Empfinden für Gerechtigkeit und Solidarität sowie das Bewusstsein, es im Leben – trotz allem – zu etwas gebracht zu haben.*"

Was am Ende bleibt, ist die vergebliche Sehnsucht nach dem Leben, das vorbeigezogen ist, ohne dass man es zu fassen bekommen hat – Tante Mali drückte das in ihrer Lebenserinnerung so aus: „*Mein Leben sind heute funkelnde, schillernde Fragmente eines Kaleidoskops. Als alte Einsiedlerin bin ich Gesellschaft nicht mehr gewohnt. Obwohl ich beruflich immer Menschen um mich hatte, habe ich verlernt, angepasste Konversationen zu führen. Ich bin ein sonderbarer Mensch und finde nicht recht viel Kontakt mit meiner Umwelt. Hab' halt immer laut gedacht.*"

Ich besuchte sie regelmäßig im Altersheim, das eine angenehme Atmosphäre ausstrahlte. Dennoch zeigt ein solcher Ort naturgemäß viele menschliche Eigenarten auf: absurde Gespräche oder völlige Sprachlosigkeit, schrullige Gestalten, verlegte Zahnprothesen und verschollene Brillen. Als Tante Mali an einem Sonntagmorgen ihre Zähne nicht mehr fand, rief sie ihre Cousine in Bad Aussee aufgeregt, ja nahezu erbost an und beschwerte sich, dass das Personal das Gebiss wohl „*verräumt*" hätte. Die Cousine versuchte, sie nach mehreren erfolglosen Suchaktionen zu beschwichtigen, und riet ihr, in der Serviette nachzusehen. Tatsächlich fand sich dort die Prothese.

Tante Mali bemängelte die Varietätenarmut des Essens sowie das Fehlen von *"klugen"* Gesellschaftsspiele im Gemeinschaftsraum. Das Schlimmste aber, meinte sie, sei die *"Bibliothek, die man gar nicht als solche bezeichnen kann, die Wahl liegt zwischen Dreigroschenromanen und Trivialliteratur oder ein paar abgegriffenen Klassikern, die nun wirklich jeder kennt."* So schickte ich ihr regelmäßig Lesestoff ins Altersheim, was sie aufrichtig schätzte und sie zu Diskussionen in unseren Briefen anregte. Ich wählte bewusst Romane über ungarische Dynastien, die in Budapest spielten, schickte ihr sämtliche Romane von Sándor Márai oder Familiensagas, die in Italien spielten, Biografien über Bertha von Suttner, Adalbert Stifter und Marie Curie. Sie studierte diese Werke regelrecht, las mir manche Stellen dann laut vor und stellte Fragen dazu. Ihr Kopf arbeitete intensiv weiter, nur ihre Beine wollten sie nicht mehr tragen.

Bei meinem vorletzten Besuch bei ihr im Spital flüsterte sie: *"Geblieben ist mir die gute Erinnerung an gesellschaftlich und charakterlich gefestigte, intelligente junge Menschen, die mich gern hatten und Frohsinn, Freude und auch Liebe in mein bescheidenes Leben gebracht haben."* Das Revue-passieren-Lassen ihres Lebens schien nun einen Großteil ihres Wachzustandes auszumachen. Sie erinnerte sich auf diese Weise intensiv an Vergangenes und ging gedanklich nochmals alle ihre Stationen durch.

Ich besuchte sie ein letztes Mal Ende Dezember 2005. Sie hatte einige Tage davor einen Schlaganfall erlitten und konnte nicht mehr sprechen. Jede Bewegung schien sie zu schmerzen und sie kniff sichtlich die Lippen zusammen, um nicht zu schreien. Ich stand an ihrem Bett und betrachtete ihr immer noch schönes Gesicht. Nur ihre funkelnden Augen ließen erahnen, dass sie noch lebte. Ich sprach mit ihr, erzählte ihr vom Christkindlmarkt, den dicken Schneeflocken, von den köstlichen Faschingskrapfen im Café Traxlmayr. Ich erinnerte sie an unsere Skiabenteuer, an ihre unvergleichlichen Vanillekipferl. Ich erwähnte die letzten beiden Bücher, über die wir noch korrespondiert hatten, und bewunderte ihren guten literarischen Geschmack. Sie betrachtete mich und ihre Augen führten unsere Konversation stumm weiter. Ich streichelte ihre kalten Hände und wir wussten beide, dass dies ein endgültiges Lebewohl war.

"Ich muss mich jetzt langsam wieder auf den Weg machen, Tante Mali", verabschiedete ich mich von ihr. Doch etwas ließ mich innehalten. Sie schloss ihre Augen und ein Lächeln erschien auf ihrem Antlitz. Das Morphium, das man ihr kurz davor verabreicht hatte, musste sie in eine Traumwelt entführt haben.

Sie erwachte kurz. Sie wirkte so winzig in ihrem Spitalsbett. Nur ihre silbernen Haare, die ihr eine freundliche Schwester stets zurecht machte, und die dunklen Augenbrauen lenkten vom übrigen Krankenhausweiß ab. Ich drückte nochmals ihre Hände, die knotigen Zeugen ihres winterlichen Schrubbens, und küsste ihre Stirn. Da hob sie ihren Kopf, lächelte und – ich schwöre, dass ich mir das nicht einbildete – hob die rechte Hand und winkte mir zum Abschied. Sie starb wenige Wochen später mit 89 Jahren.

Tante Mali, einstmals „die große Schande" genannt, war in Würde gealtert.

EPILOG

Der Saal im Altersheim, in dem Tante Malis Verabschiedung im Februar 2006 stattfand, war bis auf den allerletzten Platz besetzt. Jung und Alt war da, viele Leute kannte ich gar nicht, es waren Nachbarinnen und Nachbarn oder Nachbarskinder, frühere Kolleginnen oder einstige Schützlinge, um die sie sich in der Fürsorge gekümmert hatte. Meine Tante wäre vermutlich selbst überrascht gewesen, wie viele Menschen ihr die letzte Ehre erweisen wollten. Zwei entfernt verwandte Neffen spielten Zither und Gitarre, ich las ein selbst verfasstes Gedicht über sie vor.

Mit Stolz kann Tante Mali heute auf ein erstaunliches Erbe blicken, das sie uns allen hinterlassen hat. Im Laufe meiner Nachforschungen knüpfte ich Kontakte zu unzähligen Nachkommen der zwölf Geschwister von Tante Malis Mutter, von deren Existenz ich bis dahin nichts geahnt hatte. Es waren wunderbare und bereichernde Begegnungen, niemand hatte wirklich vom anderen gewusst, und wenn doch, waren die Namen in einer tiefen Gedächtnishöhle vergraben gewesen.

Liebe Tante Mali, du hast genau das erreicht, was du dir immer gewünscht hast: einen regen Austausch innerhalb deiner weitverzweigten Verwandtschaft. Dafür danken wir dir! Selbst Nachkommen deiner ungarischen Familien durfte ich treffen und Bengt von Barloewens Sohn habe ich ebenfalls ausfindig gemacht. Den Grundstein für all diese Begegnungen, den hast du für spätere Generationen gelegt. Und damit hast du deinen schützenden Arm über uns alle ausgebreitet und tatsächlich „noch einmal mit der jungen Generation über die Vergangenheit gesprochen", wie es dir so am Herzen gelegen ist.

DANKSAGUNG

Wo soll ich beginnen? So viele Personen haben zur Entstehung dieses letzten Teils meiner Trilogie beigetragen!

Mein Dank gilt besonders Veronika Just, die mir zahlreiche Fotos und Briefe aus dem Nachlass von Tante Mali überlassen hat. Die weitverzweigte Familie, Markus Edtbauer, Andrea Schiestl , Edith Heithkämper, „Tante Gitti" und Erika Traxlmayr haben ebenfalls Briefe, Anekdoten und Fotos zur Verfügung gestellt.

Bengt von Barloewens Sohn Constantin von Barloewen sowie Viktor Adametz, dem Nachkommen der Adametz-Familie aus Budapest, danke ich für die spannenden Gespräche.

Dagmar Nakesch war wie immer detektivisch in den Archiven unterwegs und hat erstaunliche Artikel aus den Zeitungen von anno dazumal herausgefischt.

Regina Jaschke und Bettina Victor möchte ich für den konstruktiven Austausch, das Lektorat und das liebevolle Erstellen des Buches danken.

Ohne die zahlreichen Fotos, Briefe und Erinnerungen, die meine beiden Schwestern Evi und Uschi beigetragen haben, wäre Tante Malis Lebensgeschichte weniger bunt geworden.

BILDNACHWEIS

Herzlichen Dank allen, die ihre Bilder zur Verfügung gestellt haben! Alle Bilder stammen aus privaten Beständen.

Besuchen Sie auch meine Autorenwebseite mit

- Bildern und Videos meiner Lesungen mit musikalischer Begleitung,

- Informationen zum Buch „Die Meisterin", dem ersten Band meiner Trilogie über meine Großtanten, sowie weiteren Details über Mia Beyerl, ihre Zeit und die Rolle der Frau in der klassischen Musik,

- Informationen zum Buch „Das mit der Liebe ist alles ein Schwindel", dem zweiten Band meiner Trilogie über meine Großtanten, sowie weiteren Details aus dem Leben meiner Großtante Antonia Bukowsky

- und vielen, vielen alten Fotos!

https://www.christaprameshuber.ch

Bleiben wir in Kontakt über Facebook und Instagram!

MEHR VON CHRISTA PRAMESHUBER

DIE MEISTERIN
Erinnerungen an die bemerkenswerte Künstlerin Mia Beyerl

Mia Beyerl, 1900 geboren, wusste schon früh, dass sie Opernsängerin werden wollte. 1919 zog sie daher voller Neugierde und Vorfreude von Linz nach Wien, um an der Staatsakademie Gesang und Klavier zu studieren. Ihr eigentlicher Traum, Dirigentin zu werden, war Frauen zur damaligen Zeit noch versagt. Während der Weltwirtschaftskrise 1929 sorgte eine Diphterieerkrankung für ein abruptes Ende ihrer vielversprechenden Karriere. Doch Mia gab sich nicht geschlagen und begann, sich als Gesangspädagogin in Linz zu etablieren.

112 Seiten	**E-Book**
ISBN 978-3-99062-204-9	ISBN 978-3-99062-971-0
EUR 17,90	EUR 13,90

Erschienen im TRAUNER Verlag, www.trauner.at

www.trauner.at/meisterin

DAS MIT DER LIEBE IST ALLES EIN SCHWINDEL
*Das bewegte Leben der Antonia Bukowsky –
Würdigung einer mutigen Frau*

„Jeder Mensch trägt einen Schatten in sich. Der meiner Großtante war 178 Zentimeter groß, hager und hieß Frank Plank." Nach Antonia Bukowskys Tod im Jahr 1990 findet die Familie in einem abgegriffenen Kuvert 47 leidenschaftliche Liebesbriefe von „Franzel", datiert aus den Jahren 1922 bis 1926. Kein einziges Mal hatte die sonst so redselige Großtante je über ihre erste große Liebe auch nur ein Sterbenswörtchen verloren.

128 Seiten
ISBN 978-3-99062-956-7
EUR 17,90

E-Book
ISBN 978-3-99113-069-7
EUR 14,90

Erschienen im TRAUNER Verlag, www.trauner.at

www.trauner.at/das-mit-der-liebe